U0360529

和谐心智

鲜为人知的西浦管理故事

席酉民 ◎ 著

清华大学出版社

北京

内 容 简 介

西交利物浦大学快速崛起，被誉为"教育改革的先锋，国际合作办学的典范"，背后隐藏着什么秘密？主人公借《和谐心智》揭秘真相。其中很多故事鲜为人知，观察角度非一般研究者所能企及；管理感受只有漩涡中的人方能拥有；领导认知也只有长期融入才可获得。作为高教国际化的参与者、学校的创办者和领导者、管理专家，从内部人角度，以真相为基础，反思管理研究中最难接近真相的治理、领导和管理问题，得出自己的解读和理论总结：1）提供了可透视的管理案例；2）展现了独特的研究方法；3）解读了中外合作中文化和管理的碰撞及融合；4）揭示了管理研究有关理论启示。本书很独特，有点像口述历史或自我民族志研究。关心教育、创业、领导和管理的读者，从具有样本意义的案例，更全面认识当代这段高教国际化和中外合作办学的历史，对教育反思、教学重塑、大学再定义大有裨益，对创业、治理、领导和管理研究及实践很有启迪！

图书在版编目(CIP)数据

和谐心智：鲜为人知的西浦管理故事 / 席酉民著. —北京：清华大学出版社，2020.6（2024.6 重印）

ISBN 978-7-302-54071-7

Ⅰ．①和… Ⅱ．①席… Ⅲ．①高等学校—学校管理—研究—苏州 Ⅳ．①G647

中国版本图书馆 CIP 数据核字(2019)第 241885 号

责任编辑： 杜　星
封面设计： 李伯骥
版式设计： 方加青
责任校对： 王凤芝
责任印制： 宋　林

出版发行： 清华大学出版社
　　　　　网　　址：https://www.tup.com.cn，https://www.wqxuetang.com
　　　　　地　　址：北京清华大学学研大厦 A 座　　　　邮　　编：100084
　　　　　社 总 机：010-83470000　　　　　　　　　邮　　购：010-62786544
　　　　　投稿与读者服务：010-62776969，c-service@tup.tsinghua.edu.cn
　　　　　质 量 反 馈：010-62772015，zhiliang@tup.tsinghua.edu.cn

印 装 者： 大厂回族自治县彩虹印刷有限公司
经　　销： 全国新华书店
开　　本： 185mm×260mm　　　**印　　张：** 15.25　　　**字　　数：** 217 千字
版　　次： 2020 年 6 月第 1 版　　**印　　次：** 2024 年 6 月第 6 次印刷
定　　价： 69.00 元

产品编号：084045-01

浸淫在世俗里，活在理想中，行在从世俗到理想的路上！

——席酉民

五星生活——60遐想

在奔六的最后一年,有好事者将我近10年前写的《50感怀》重新发在网上,引来不少评论和感言,也使我突然意识到,60岁了,又该反思和前瞻了!

在50岁时,当别人规划如何过好老年生活,我却重新起步,离开了熟悉的国立大学体系——西安交通大学和生我养我的沃土——陕西,南迁江南苏州,创建和运营一所非常独特且极具挑战的国际大学——西交利物浦大学(以下简称"西浦")!

我的朋友雏三桂专门以杜牧诗句"清时有味是无能,闲爱孤云静爱僧。欲把一麾江海去,乐游原上望昭陵"书写条幅赠予我,以记载人生的这一重要时刻。我自己也要求董事会将我的合同日期由任命之时推后2天,将非常具有纪念意义的2008年8月8日(北京奥运会开幕日)作为我这段人生的起点。

我40岁生日自画像作于加拿大,主要反思和重新认识自己。做硕士论文时,有幸在北京当年的国家科委参与国家能源战略和国家"六五"攻关项目"三峡工程综合评价和决策分析"研究,读博士之初,又有机会在国家计委和国务院发展中心参加国家综合交通战略研究和南海石油开发论证等工作,其间有缘与不少前辈、行家有大量接触甚或一道工作,从而使自己对人生的认识不断提升,40岁后得以释然和宁静。

《50 感怀》写于访美期间，无论理论研究还是管理实践都有不少收获，认为人生主要价值是对社会产生积极影响，当时感叹，自己的影响主要在中国，虽然学术交流和文章也有世界听众和读者，但在全球化和网络化背景下，自己在国际上的影响还不大。幸运的是，当我刚跨过 50 岁门槛，天赐良机，让我有机会组建和运营一个国际团队，全球整合资源，筹建一所国际大学，并很快使之在国际舞台上亮相和发声。

其间，我的朋友三桂先生到访苏州，看到西浦奇迹般的发展和我敞亮的办公室，感叹不已，问到如何命名，我说你了解我，可帮我名之。我的朋友随口曰：日新堂。因为我个性的"叛逆"，永远不满足现实，总是设法日益求新，正如我对管理的解释是："一个从更好到更好的旅行。"不久，我的朋友从北京寄来了他为日新堂撰写的《日新堂记》。

日 新 堂 记

席公酉民执政西浦大学之六年，余至吴下，游于西浦校园，睹楼宇人文之盛而有感焉。席公告余曰：西浦之建，不足十年，然规模既广，宏图亦远。导向鲜明，特色独具，世界向慕，立足中国而影响世界，吾之愿焉。复指其办公之堂曰：高而敞，明而亮，英贤往来，熙熙济济，其乐无穷。其何以名之？

余闻而告之曰：吾之识公，廿余年矣，甚知公之日求其新而登攀不辍也。始也余与公同侪耳。及分别数载，公腾骧奋迅，一日千里，成就卓然，誉满海内，吾惟望公之尘而不可得见，嗒然丧焉，知余之不足以及公也。公之所至，必维其新，不循故常。西浦初创，百事待举，公既至，如有成竹在胸，指麾分布，无不如意。而其所规模图画，皆出今日中国大学寻常想望之外，而天下瞩目焉。虽日理万机，而公之学术德业亦日日维新，无有底止。余因知公之日新，盖出于天性也。新之为道，何其大也！如日月之辉光，敷散宇宙，日新常新而不故。故先圣名德，亦日新其求也。伊尹之训太甲曰："终始惟一，时乃日新。"殷汤作《盘铭》曰："苟日新，日日新，又日新。"非惟一日新，而当日日益新，恒常日新也。《易·恒》之德，利有攸往；终则有始，惟有常者能之。

《书·仲虺之告》曰："德日新，万邦惟怀。"《诗》曰："周虽旧邦，其命惟新。"是故君子无所不用其极，日新其德，不有余也。可名之曰"日新堂"。席公曰"善"，因作文以纪之。

癸巳秋月，三桂纪并书之于琴音堂

日新并非叛逆或简单的愤青，而是像我微信个性签名所说的那样："浸淫在世俗里，活在理想中，行在从世俗到理想的路上。"2016年，作为近几年工作和思考的总结，曾出版三本小书：《理性狂言——教育之道》（中国人民大学出版社）汇集了我对当下颇受诟病的中国教育的思考和探索；《逆俗生存——管理之道》（清华大学出版社）记录了我对管理和生活的反思和感悟；《我的大学我做主——西交利物浦大学的故事》（清华大学出版社）总结了我们在中国土地上创建一所国际大学的理论总结和心路历程。这三本书的序言较好地诠释了"日新"于我的意义和价值，分享于此，作为自己"日新"探索路上的三块垫脚石，后面还会有延伸到远方的更多石块，尽管生理年龄已至60！

理 性 狂 言

芸芸众生中，我们很多人为没有实现人生梦想而后悔，但大部分人不是没有能力，可能是过早或一开始就从心理上放弃了追梦。

之所以用"狂"言来命名，其实并非真狂，而是敢言，作为学者，敢于不看别人眼色和社会潮流表达自己的观点；并且是直言，不拐弯抹角，坦率表达自己的意愿；更重要的是负责任的言，有点担当和使命感，想为社会进步尽一个有责任感的公民的义务。当下，不少人因顾及太多不敢说，还有很多人不愿说或不得不说时不直说，更有不少人违心地顺着潮流说或不过脑子乱说，还有大量的"心理放弃"或"心理沉睡或麻木"者。在这种情况下，愿言、敢言、敢直言者往往会被视为"狂"，狂人之言也会被当成"狂"言。与其被当成狂言，不如自己承认"狂"言。为使"狂"言不狂，前边加上了修饰词"理性"，也即这些大胆之言并非想当然地乱说，而是经过理性思考甚或研究所得，并且是负责任地表达，希冀能对"心理放弃"严重或"心理沉睡或麻木"的世态有所冲击，如同一位美国教育专家将信息技术发展和颠覆性（disruptive）教学技术的涌现描绘为给教育界的一个叫醒服务（wake up call）。就我对中国教育（包括基础教育）的观察，不少人已经醒来，但起身的不多，起身后能真正动起来也很少，有资源问题，但更有认识问题以及改变观念和习惯问题。我自己希望加入这批已经起身的教育实践家行列，用自己的真诚呐喊、实践感悟、经验总结、研究心得，求教于同行，如能像扔进水池中的"小石头"弄起一点涟漪，或羊群中的"一只狼"掀起一点躁动，晨跑中的"号子声"唤起更多人起床，我就心满意足了！

逆 俗 生 存

"世俗"指民间流行的气习或平常、凡庸的人。世俗是人类生活秩序的来源之一，所谓约定俗成；世俗也是低成本生活的一种选择，如阿时趋俗。人们的生活既受世俗影响，如习俗移性；也以自己的行为不断为世俗的发展作出贡献。世俗处在一个不断的演化过程中，所谓时移俗易。世俗是人类社会的必需品，但不可其极，俗到极点，会由世俗走向卑鄙、无耻、市侩。

人们可选择世俗，也可以选择超凡脱俗。顺势从俗容易，而且成本低，有市场；但超凡脱俗则可能别有风景，甚至引领风气，占据未来制高点。若想这边风景独好，不妨试试"逆俗"生活。

逆俗，不是反俗，只是跳跃出常规思维或行为惯性，前瞻地探索新的思维和行为模式，甚至常常反向思维。逆俗者非常清醒时下的俗和势，但更看重未来的势和生存力，也许会以眼下的困难甚至损失换取未来或更长期的发展。

逆俗，不是无视今日之利，而是更关注未来趋势，更看重明日之利，更珍视可持续发展的事业模式，特别是在意未来的发展空间。

逆俗，常会逆潮流，乐意改变，推动革新。所以，逆俗者容易创新，因为真正的创造大都是对原有模式的背离，对社会适应的突破，对民众习惯的挑战。

逆俗不只体现在日常工作和生活中，对于大事业更需逆俗，因为只有逆俗，才可能发现新大陆，创造新机会，获得新空间，也许引领未来新趋势，甚或成就一番新大业！时下中国和未来世界，要想成就些事，常需要逆俗！

然而，逆俗不易，既要挑战自我，还要挑战世俗。首先，逆俗者离不开独立思想，自由意志，不惧孤独，不因害怕被误解而放弃行动，不会停下脚步去等待理解。所以，可能成为鹤立鸡群，特立独行，不仅孤独，可能还会受到歧视或挤压；其次，逆俗者需要见识，更需要胆识和智慧，甚至需要一定的资源和条件准备；第三，要真正逆俗，还需要远大的抱负和执着追求，有高瞻远瞩、看清浮云背后真相的眼力；第四，要做到逆俗，行为上需要坚守底线与基本规则，能力上要有一定的底气和足够的准备；最后，对年轻人来说，要逆俗，更要戒除浮躁、抵制短期利益诱惑，看重未来趋势和潜在机会，甚至还需要点理性分析基础上的年少轻狂！

我的大学我做主

西浦创建于全球反思教育、重塑教学、再定义大学的时代，首先，这给了西浦与国际一流大学站在同一起跑线进行办学探索的机会，而且具有站在前人经验和知识积累的肩膀上、没有历史包袱、一张白纸好绘宏图的后发优势；其次，西浦在中国中外合作办学中起步早，就教育探索和国际化来说，又有相对的先发优势；第三，西浦站在世界平台上整合资源和探索办学模式，起点高，这给了西浦在办学和教育上超越的机会；最后，当中国有望成为世界强国、影响世界发展的关口，西浦诞生于中国，特别是被称为世界经济发动机的长三角地区、素有地上天堂的美丽苏州、国家对外开放综合实验区的苏州工业园区，天时、地利、人和为西浦敢梦和追梦奠定了坚实的基础。因此，战略上西浦不是简单办一所学校，而是试图实现四个方面的跨越：①根据世界未来发展趋势和需求探索新的办学和教育模式；②探索适合知识工作者和知识组织的新型大学组织管理模式；③探索全球化背景下和网络时代新型的大学与社会互动关系；④影响中国高等教育改革和世界教育发展。

在西浦五周年庆典时，我们基于西浦的探索实践，编写了《探路新大学——西浦的故事》一书。在书的扉页，我写道："这是一个重新思考和定位大学的时代，西浦不仅仅要回归大学精神，更要借鉴中西文化与教育精华，整合全球资源，建设一所符合世界未来发展趋势的新大学。"当时，短短五年的实践，西浦在多方面已取得了令人刮目相看的发展，同时社会和同行也有了很多疑问，在同样的土壤和文化背景下，为什么西浦能在教育上有所突破？利用五周年庆典，为了让大家全面了解西浦和一窥西浦快速发展的秘诀，我们用素描的方式，请西浦发展过程中的参与者，如学生、老师、管理者、家长、相关支持者等，从他们各自的角度娓娓道出其体验和感悟，以各类发生在校园的故事来呈现西浦的五年发展历程。正像我在该书序言中描述的那样：

"虽不是字字珠玑，但记录了西浦人探索的心路历程。

尽管视角不同，却都指向了一个共同的主题：如何造就或成长为有国际竞争力的人，在世界驰骋。

我们看重的不是学得知识和得到两张文凭，而是在学习中健康地成长，素养和能力不断提升，以实现'快乐生活，事业成功'的传承。

在不到六年时间里，一所逐步受到广泛赞誉和认同的独特的国际化大学在教育普遍受到责问、令世界惊奇且具神秘色彩的中国土地上诞生。

是什么让一个长期被呵护、一直被照顾、似乎除了考试什么都不懂的孩子入学后迅速转变为一个'大人'，自信、独立、主动、责任、真诚……？

是什么使不少按高考成绩充其量进一个好二本大学的年轻人四年后可与世界任何一所一流大学毕业生同台竞争，甚至脱颖而出？

是什么使那些没有经过专门训练和挑选、大都来自一二年级甚至文科生、按兴趣组合的有点业余的西浦学子在享有盛名的美国数学建模比赛中与许多名校的'专业队'的较量中屡获佳绩，稚气中流露出其不屈的老成？

是什么征服了世界名校，给予西浦学子以特殊的待遇，将其揽于麾下，连向来挑剔的英国帝国理工的 EEE 也在研究生招生说明中明确指出，只接受中国九所（C9）和 985、西浦的申请？

是什么帮这些入学时很稚嫩的孩子在毕业时能同时受到世界 Top10 大学和世界 500 强企业的青睐，使他们往往面临快乐的选择之痛？

是什么吸引众多国际级科学家落户苏州和一个稚嫩的大学，利用其经验和学识，开启极具挑战和刺激的新的教育和研究探索旅程？

是什么刺激这帮教育领域的探索者独辟蹊径、大胆探索，数年之中，校园内新生事物迭出不穷，师生纷纷将国际级大奖斩获囊中？

是什么使新的教育理念、办学模式、育人方式、大学文化、学习行为、学教互动……在这里涌现和受到好评？

……

您心中也许还有很多困惑或疑问，从这些故事中您也许会自己找到答案，并给出您自己的回应。

六年的探索并非几句话能说得清楚，但在我们心中，是世界发展趋势、社会需要、极富挑战的环境以及师生和各方支持者与我们一道创造了高教领域这道亮丽的风景。

把握世界发展趋势及其人才需求、吸收东西方教育智慧、整合国际教育资源、探索高教新模式、影响中国高等教育改革甚至世界高教发展是我们的使命。

以'学生健康成长为目标、以兴趣为导向、以学习为中心'，帮助学生认识自我、明确目标，以调动和释放其内在动力及潜能，是我们的基本育人理念和美好憧憬。

营造'多元、规则、自由、创新、信任'的国际化大学氛围和文化，让师生们浸润在思想和智慧中而不断自我升华和茁壮发展是大学的基本功能。

培育学术共同体和科学社区，搭建交流和共享平台，打造全球互动与合作的网络环境，营造思想的自由市场，是我们的重要活动。

通过自省、互动、指导、服务，帮助学生成长，促进老师创造，强化学校社会互动，以引领和服务社会，是我们永恒的责任和履行使命的途径。"

现在，西浦10岁了！西浦在中国土地上的崛起，已备受学生、家长、社会以及国内外同行关注和热爱，西浦也专门成立了"领导与教育前沿研究院"，通过理论文章、政策建议、学术论坛、各类培训班在业界开展了广泛的教育理论和经验传播，以践行影响中国教育改革和世界教育发展的使命。为了更全面地展现西浦十年探索，为各界提供一本可资研究和探讨的深度案例，我们放弃了五周年时编辑《探路新大学——西浦的故事》的思路，不再是简单地讲各自的故事，而是根据大学活动的方方面面，构建了一个大学发展和管理的理论体系，包括大学治理、管理、组织架构、教育模式、教学活动、学生工作等，将西浦的探索上升到理论层面，但又不是简单的理论分析，而是在理论研究和构建的同时，以西浦探索实践和各类故事、事件、文件作为支撑，既使理论与实践相互印证，又使本书内容翔实、丰富多彩，具有可读性和趣味性。

在书名的选择上我们曾纠结过，是选一个比较理论的名字，还是选一个通俗的名字？最后考虑到读者对象的广泛性——所有关心教育的人，我们倾向于以通俗的语言命名。我最初提出的名字是《"我们"的大学》，这里"我们"指的是所有和这所大学有关的参与者，其寓意是大学本是一个学术共同体，是一个很长时段上大量参与者合作开展的各类活动的体验和演化过程，是一个寄生于社会并与之不断互动和共生的生态系统，换言之是由所有参与人共同缔造的，所以应该由他们讲出自己的故事、认知和努力，从而构成一部关于大学音符、旋律、演奏的交响曲，有思想、有主题、有系统、有理论、有实践，有丰富多彩的感悟和故事。然而，同事们在编著的过程中觉得这个名字不过瘾，不够直白，于是有了现在的版本：《和谐心智》。虽然这个名字很通俗，书中故事和资料也非常草根、接地气和丰富有趣，但实际上应该说这是一本很理论的书，是通过理论与实践的相互呼应呈现一个大学发展与管理的理论体系，感悟和故事等利于理论对接现实，引导人们超越理论的反思和不断深化的实践。

……

可以说，西浦是高等教育领域的一只麻雀，试图通过这样的解剖以利于同行与我们一道更深入地探索未来的办学，改进我国当下备受诟病的高等教育，帮助中国孩子更健康地成长，促进社会的发展、进步和文明。有人也将西浦比喻为中国高等教育的一匹"狼"，以搅动似乎陷入一张无形之网中不能动弹的中国高等教育，刺激或促进正在试图变革的体系更上一个台阶！我们的力量很小，但所有关心教育的人都行动起来，我们的力量就会很大，就有可能使中国学生成为未来世界的真正的"国际玩家"，驰骋世界！就有可能让中国教育有能力和底气支持中国实现强国梦，屹立于世界，扮演好大国角色！

回想自己的人生，"日新"似乎是我生命基因的一部分，试图不断创新和突破，但大学理科的理性思维、研究生的系统工程训练、博士的管理和人文熏陶，使自己懂得如何以鲁棒（Robust）的方案和模式在重围中突破，也自觉不自觉地在很多场所用五星总结和概括自己的理论、模型甚或生活定位、感悟等，如我的人生幸福模型、事业成功模型以及成功创业模型等。

五星是一个高大上的象征，巧遇自己的人生，幻化为我的理论工具，鞭策着我不停脚步。当步入 60 这个传统的老年时光之际，我却将开启西浦应对人工智能和机器人革命挑战的融合式教育的新探索，老夫聊发少年狂，酝酿生命的新篇章！

（席酉民，写于 2016 年，修改于 2017 年 5 月 23 日西浦校园）

序言

多一点想象，多一些可能——师生间的新故事

导师席酉民通过邮件请我为他的新书写一篇序言，我自然感到惊讶，好奇地问：您确定这样合适吗？他依然坚持。我们都是属鸡的，习惯了不走寻常路。既然他肯邀约，我就敢奉命。如此，学生得以为老师的著作写一篇序言。

十年前，我和师母侯老师一起劝席老师安心待在西安交大"维持现状"，不要去西交利物浦赴任校长"折腾"的场景还历历在目。十年后，在美丽的厦大校园夜间散步时，当着侯老师的面，我由衷地感叹，凡成大事者，其眼光、勇气、智慧和能力确非凡人可以想见。席老师十年来在西浦所经历的磨难、奋斗，所展现的坚韧、智慧，尤其在中国高等教育领域取得的丰硕成果，在我看来，比他赖以成名的学术成就意义更大。绝大多数管理学者一生心向往之却注定无法企及的宏愿，不仅解释世界，还要改变世界。在他那里，是被充分领悟且亲身实践了。如果说"和谐管理理论"是席老师及其团队学术探索的结晶，正是通过"西浦"的实践，也让理论的价值得以彰显。

言归正传，《和谐心智——鲜为人知的西浦管理故事》是作者用第一人称讲述的，一个中外合作办学的成功范例，即"西浦"发展史的某些重要情节（plots）。作者采用了惯性的"时间-事件"故事线（storyline），并将事件"抽象"为一组关键词，除了"融合智慧""反思超越"两部分以外，让故事在"无心插柳、嫁接发芽、呱呱坠地、扬帆起航、无风起浪、重建治理、更高更远"间自然流淌。虽然夹叙夹议的处理会让行文脉络时有跳跃、偶被阻断，读者还是容易循此线索，近观诸多因缘际会、纵横捭阖、水到渠成、山雨欲来、力挽狂澜、风轻云淡……包括各种是是非非，人心向背……本书初看起来像一个领导者-组织的传奇故事，沉浸其中后会发觉也不尽然。序言常有导读的约定，这里不妨略作分享。

如何解读一个组织（领导者）的"成功"，学界、咨询界、实践界、新闻界自有套路、各有价值。鉴于人类社会（组织）现象的复杂性，管理学者应取径批判性、系统性思维，从"必要条件"而非"充分条件"详加审视，不宜让丰富的经验世界过于"为我（的特定理论视角）所用"，以免牵强比附、简单归因，从而弄巧成拙、贻笑大方。如果紧扣本书素材，以西浦10年发展历程中的关键决策点为依据，在组织层面，"方向感-治理结构-业务模式（商业模式）-组织执行力-领导驾驭力"均不可或缺；在个体层面，"事业忠诚-（被）组织信任-复杂心智-多重（中西，新旧，地域）融合-沟通能力（sense-making）"也近乎缺一不可。解读文本，不能只停留在概念的罗列，任其在读者心中自动发酵。正是借由本书的诸多"细节"，让我们看到了管理理论与实践关系的复杂、微妙。对于组织的核心领导，有强烈的事业心，未必有清晰的方向感；有既定的治理结构，未必没有自由裁量的空间；有可靠的业务模式，未必不需要灵活应变；尤其是，一旦危机来临，如何不忘初心、坚定信念、"固执己见"，甚至"刚愎自用"……简言之，一切都"事在人为"。而且，信念由谁坚守？方向由谁选择？模式如何建构、调整？有效沟通如何发生？复杂心智如何具备？……当一连串疑问暗含着某种"统领、驾驭"的能力组合却又指向一个特定领导者时，无论是对于个人还是组织，这一切又都显得十分"偶然"。因此，如果想要将席老师身上发生的故事"推而广之"，以便对管理实践有更多启发，我们需要从那些"要件"出发，不是冀望于特殊个体的偶然涌现，而是如何在团队合作中凝聚事业心、方向感、驾驭力、执行力，寻求制度、模式与人为干预间的良性互动，才有可能完成一项使命，成就一番事业。

　　当然，十年西浦鲜为人知的片段，远不是一个完整的故事。本书虽说看起来像"揭秘"，但遣词造句的委婉还是遮掩了不少原本生动的细节。作者无意于时间、地点、人物互动、事件发展更为具体的呈现，也没有让读者听到更多他者的声音（杂音），为了深化理解，需要读者转换语境，打开想象，主动辨识文本中的言犹未尽、弦外之音。

　　比如，席老师作为西浦领导的合法性来源？远在 1994 年与席老师初识，他已是赫赫有名的"东方之子"。个人以为，作为 20 世纪 80—90 年代崛起的一批"成功者"的一员，较之前后几代人，更多靠开拓事业的实力、业绩（填补空白）而非其他途径（比如裙带关系、听命文化等，难免人际利益输送的纠缠）获得权威，加之他在西安交大历任院长、副校长时的突出表现，在西浦亮相时已然是名正言顺。因此在具体的工作中，长期积累的社会资本让他能够在一系列重大挑战面前左右逢源；个人所拥有的坚定信念，独特心智、杰出的领导才能也允许他在一个全新的（体制外）平台上长袖善舞。西浦坚持以学生全面发展为首要的成长道路，但如果其"权威"的合法性主要源于各种排行榜、KPI（关键绩效指标），大潮之下又该如何自处？当下的"反四唯"劲风的确是向常识回归。可目力所及，这种由高教利益共同体长期合谋形成的发展共识正是校长们的业绩所在，如果不虚与委蛇，让他们反什么？又该如何反？

　　比如，社会（组织）为什么会"善待"特立独行者？纵观历史，凡"出头鸟"，多以勇士、斗士、壮士，甚至烈士留名。席老师自己有言，有时候需要用"荒谬应对荒谬"，足见其社会体认的悲观一面。可他为什么还能坚定信念、劈波斩浪，一路前行？他的解读是把自己打造成对事业发展不可或缺的那种人，是，也不尽然。大家对"事业"的理解不同，成就"事业"的道路也不止一条、两条，没有谁的光芒会那么刺眼又值得别人仰仗。个人的看法，社会（组织）中总有一股力量，愿意也能够汇聚在"壮士"周围，起初或许有旁观者的犹疑，但也能转变为对"壮士"的支持，会有参与到"壮烈事业"中的冲动。作为一种群体意志、集体行动，会为"壮士"营造一种值得打拼的工作情境。所以，虽千万人吾往矣的"我"从来不是真正孤独的困兽之斗。

比如，席酉民其人？一个成功的领导，很容易被罩上光环，见不到阴影，席老师难道是个例外。初看书稿时，我曾提议席老师做一些必要的反思，他回复我，"你让我反思什么？"几天后，在厦门大学见到侯老师不免"挑拨"，跟一个"永远正确"的人生活大半辈子，该不会只有满满的幸福吧？认识席老师24年了，除了他著名教授、院长、校长的高大形象以外，也容易看到他的缺点。并不标准的普通话，日渐流利却也乡土的英文表达；并不够博大、精深的知识储备，把血型与领导最多是弱关联在一些情境下放大时的任性；偶尔显露的武断、霸气，还有一点儿"炫耀型消费"的嫌疑，尤其在中国这种人情社会，对他人需求的体恤、关照多有不周。但正是这个在待人接物上远谈不上完美的席老师，对待管理实践、管理研究却有着超强的感悟力、整合力。世上不是只有他一人拥有"物理学、系统工程学、管理学"的专业背景，可落实到实际的管理工作中，其个性特质、认知习惯还是让他散发出耀眼的光芒。他对待问题的沉着冷静，看待困难的举重若轻，积极且创造性地应对各种挑战的确让人印象深刻。最重要地，他足够透明、一致，与其交往不用过多猜疑、揣摩。席老师有普通人凡俗的一面，没必要非得用"高瞻远瞩、运筹帷幄"去刻画他的领导才能。他成功的最大启发适合于每一个人，当然更是对组织领导者的希冀：要有独立见解，不能人云亦云，一旦拥有了（不管哪种意义上的）话语权，就该尝试尽己所能地让世界变得更好。领导如此，管理如此，工作如此，生活如此！

有必要谈谈这本书对管理研究的启发。我推测不会有太多管理研究者认同这本书的学术价值，因为在学界的认知习惯里，只有文献、理论、方法、程序、假设、模型、数据（收集与分析）等才是学术成果的"标配"，此书显然没有如是的面貌。对于那些执着于"客观、普适、真理"，却很少反思自然科学与社会（管理）研究对象的本质区别，尤其是认识论差异的"方法主义者"，若把这本书定义为"学术著作"一定会让他们大为光火。

可惜，我不这么看，"库恩-拉图尔"以后，至少在社会（管理）研究领域，学术共同体不再是吓人的东西，消极些讲，大家遵循的东西不过是一堆人、一大群人的约定俗成而已。我们既可以立言立行，经世致用；也可以小楼一统，自娱自乐。"严谨、规范"的科学法门，无法保证"良知、诚意"的责任担当，个人研读《管理学中的伟大思想》一书的心得，要言之，无论用什么范式、方法，洞见以下皆为修辞。管理学者的辛苦劳作到底积累下多少知识财富，如人饮水，冷暖自知吧。

在我看来，本书可以被定义为一种带有自我民族志（auto-ethnography）色彩的"领导行为个案研究"。毫无疑问地，它首先是一份十分宝贵的经验文本，提示研究者要特别关注被研究对象"心灵独白"的潜在价值；其次，作为管理学者的作者在叙事中穿插着与学界成说的对话，尽管笔墨过于节省，但依然展现出理论思考的诸多线索；再次，文本的开放性为领导、管理研究的想象力预留了足够的空间，允许读者以好奇、质疑，甚至批判的姿态参与"诠释循环"从而深化理解。

社会（管理）研究离不开经验世界，而"经验"离不开研究者的"剪裁"，何况还有无法逾越的语言屏障。如果我们不那么想当然，也有过深思熟虑，其实早该达成共识，想知悉人类个体、组织活动的事实真相（不是 A 打到了 B 这种"物理事件"），本质上，只能是一种妄想。想通了，放下"科学主义"教条，脱下"科学家"的马甲，反而不会太过失落，有那么多挫败感。针对复杂的社会、组织现象只要采取一种"谱系式"的认知态度，照样能区分何谓接近"真相"、何谓远离"事实"。在这本小册子里，无论从直面问题的诚恳态度，还是离经叛道的自我叙事方法，看起来都是作者尝试走近"事实真相"的一次冒险。

席老师从来没有对质性研究情有独钟，也并非接触自我民族志方法后的灵光一现，以第一人称分享西浦鲜为人知的故事，而是源于他对主持过的领导自然科学基金重点项目的深刻反思。在 5 年的研究过程中，大多数团队成员基于"主体 - 客体"预设，且以西方成说为指引的学术探索，除了"实验"方法外，尝试了结构化、非结构化；远距离、近距离；截面性、历时性等方法，甚至采用了"如影随形"（shadowing）的手段。但就研究结果而言，姑且不说有多少真知灼见，似乎还是"远离真相"，无法走进领导背后复杂的隐秘世界。作为研究对象且十分配合研究者的席老师，以他多年的组织领导经验、足够的学术感悟力，洞察到传统研究方法的固有缺陷，无论是开放性、非结构化问题，还是封闭的结构化量表，当研究者怀揣这些测量工具、测量程序进入现场时，都无可避免地沦为既定理论视角－框架的囚徒，即使"如影随形"了，其敏感性、交互性，洞见性的贫弱，都让以此为凭的学术努力既像是形成理解的必由、可行之路，又成为产生误读的症结所在。自然，我也有同感，所以和席老师曾专门发表过一篇《自我呈现与反思：作为组织研究补充性方法论》的文章。因此，席老师就是想以这本书来弥补传统方法的力所不逮，并触及领导行为研究的一些盲点。

应该强调，几乎所有管理研究都是"特定视角"的产物，而大家又乐观地认为"视角叠加"会指向某种整体性（尽管我始终心存怀疑），则一种基于"自我叙事"的经验研究，作为一种呈现管理事件复杂性的"补充性"方法，大可不必求全责备。看主流范式之浩浩汤汤，自然也无须担心它会掀起管理研究的"去方法主义"风潮。如果读者愿意把经验研究视作对历史的重构和诠释，不难想象一旦缺少这样的文本，我们又如何形成更为完整、深刻的历史洞见？比如企业家口述史，就是当下不少研究者的兴趣所在。

每个人都可以有自己的"成功"定义，如果办好一所大学算是一种成功，席酉民、西浦的故事值得流传，是因为与历史的对话，于当下的反思，更是对未来的展望。如果一个中国土地上的大学校长值得颂扬，则必须感谢时代！感谢舞台（西安交大、西浦）！感谢贵人！感谢机遇！感谢自己（信念、心智、能力）！感谢同道！还要感谢对手！

韩巍

深圳大学教授

2018 年 12 月 7 日于深圳

前言

从管理的角度讲，社会就是一部无限集的、演化的且多方博弈的连续剧。我们每个人不再是旁观者，而是其中的参与者，特别是那些处在领导岗位上的人，以其独特的地位和资源，干预甚或主导着剧情的发展。

——席酉民

N 多年前，在我做完关于本土领导研究的一个主旨报告后，台下一位学者走到我跟前说，我是某国际杂志编辑，正在做一个领导专辑，可否将你报告中的一些研究成果写成一篇学术论文？我答曰：试试！

经过一番努力，终于成文，交予杂志社，一段时间后评阅意见返回，认为不错可以发表，但责任主编与我沟通，询问可否将文中涉及我个人领导实践的内容删去？如不同意，另外一个办法是我不在作者栏出现。我理解其意图，按照学术规范，作者同时又是主要的被研究者，可能会造成某种偏见！最后，我选择了放弃著作权，以使研究成果发表。

作为长期在管理领域研究和实践的学者，我非常清醒，无论采用何种研究方法，要想真正了解领导和管理的复杂过程，都是非常困难的。在许多情况下，研究者往往无法观察或获得事物变迁的真相。人们容易看到的是结果或某种相对平衡的状态，但无法了解产生这种结果或导致这种状态的诱因或机理，对于复杂系统和现象来说，更是如此。现实中，管理研究者往往关注的也是这种容易观察的结果和便于把握的平衡态，但管理实践者却会更加重视怎样操作或找到驱动演变的要素及其干预的逻辑，而这些往往是动态的，有时甚至是不可言传的。于是，不难理解，流行的实证研究自然很难捕捉这种动态演化过程。

所以，要了解领导或战略管理真相，人们必须另辟蹊径。近些年质性研究的兴起即是一种努力，研究者试图在自然情境下采用多种方法收集资料，对社会现象进行整体性探究，尝试通过归纳法分析以形成理论，或通过与研究对象互动以对其行为和意义获得深入的理解，如叙事研究。再如民族志，将行为置于研究的核心，试图从文化习俗、仪式、日常习惯和社会规范等方面综合理解社会、组织的演化。又如口述历史，通过记录历史事件当事人或者目击者的回忆，借助口述凭证发掘和认识历史。

我深知领导研究的艰巨性，在我们承担国家自然科学基金重点项目——本土领导理论研究时，通过"系统＋演化"的方法论视角，采用"实证＋构建（诠释）"的多元范式，将质性研究与量化研究相结合，基于历史、行动、情境视角的从"环境－领导－战略"—"组织结构＋组织机制"—"行动结果"全景式链条研究领导，试图历史地、社会地、互动地整体观察本土领导行为，从而得出对领导过程有启发意义的解读或理论。为此，除了文本挖掘、访谈等"扎根式"研究、深度案例和多案例比较、跨文化和比较研究、长时段纵深研究等，还专门增加了浸润式的现场研究，即研究者进入研究对象的实践现场，作为成员亲自参与到领导活动过程之中，包括数年的亲身体验、出席高管团队会议、翻阅董事会记录、直接与相关人士交流等。这应该是研究者所能做到的深入情境的极致情况，而且我作为主要被研究者，还会毫无保留地告知其各种内幕信息、回答问题、解答困惑、及时给予评论和反馈等。但我依然发现，研究者经常还是无法了解一些重大决策的真相，因而得出的解释可能会有失偏颇，构建的理论也可能不够到位。

在上述专辑主编与我交流时，我曾经坚持主张，对于那些主要的被研究对象，特别是有研究基础、领导过程的亲历者甚或就是领导者本人，如果愿意、能够参与研究，其介入过程所呈现的管理真相、反思，即某种"自我研究"的价值会远远大于所谓"个人偏见"的负面影响，而且这种研究资料和资源是非常稀缺的，一旦失之交臂，是很难重现的，加之作为被研究对象的"研究者"与研究者的密切互动，不仅激发更多的理论敏感性，甚至可以得到管理实践的积极响应，何况个人偏见还可以通过交叉验证等多种手段消除或减轻。但遗憾的是，专辑主编说我认同您的观点，但学术规范和其他评阅人未必能接受。

我个人深刻地感受到，作为特殊的经历者、被研究对象和研究的参与者，确实让我有机会对领导过程有独特的感悟、有不同的研究视角而且更加深入。例如，我和韩巍教授基于中国管理学界面临实证研究流行和主导的"尴尬"处境，以个人视角建立了一个认识中国管理学术进程的轮廓，通过引入中国本土化领导理论研究的整体视角，揭示了中国管理学界发动并推进一场深刻变革的必要性和可能性。再如，我们基于我们自身的成长经历、组织经验及社会观察，建构了一个阐释领导与下属互动机制的本土模型，并对几种典型的组织（社会）现象形成机理进行了剖析。发现在中国当下的组织（社会）情境中，领导与下属互动关系的改善，首先需要激发下属（领导）个体自我意识效应以及对两种认知错误的抑制，其次需要个体自我意识的群体化扩展，以有效抵抗领导的决策错误和下属的错误行为；长期而言，只有社会化重塑才能深层次地改变中国本土领导与下属的信念、认知和行为，从而尽可能规避不断反复的组织（社会）危机。我和张晓军博士专门从长尺度深度案例挖掘和多案例比较，提出了一种中国本土领导的双元理性模型和本土领导研究的方法论，并发表在国际杂志《领导季刊》（*Leadership Quarterly*）上，等等。

这本小书的出现也是源于这些研究实践和感悟，个人深以为，作为一个高教国际化的参与者、一个具有样板意义的国际化大学的创办者和领导者，又是一个管理理论研究者，从自身的内部人角度，在更全面了解真相的基础上，反思管理研究中最难接近真相的治理、领导和管理问题，得出自己的解读和理论总结，首先会给管理研究提供更全面、可透视的案例；其次也会提供一种不同的研究方式；再次，可以从我在西浦独特身份深度解读中外合作过程中的文化和管理碰撞及融合实践；最后，凭借自己独特的角色和几十年的研究积累，还可能提供一些治理、领导和管理研究上的启示或思考。

其中涉及的很多故事鲜为人知，甚至在西浦也只有我和少数几个关键人知道；有些观察角度是一般研究者所无法企及的；有些感受不是陷入旋涡的人所能理解的；有些认知也只有融入这个长期的演化过程、视这份事业为生命的一部分的人方可获得；特别难能可贵的是，西浦两位创始人——西浦董事会首任董事长王建华教授和副董事长 Bone 爵士，也分别从他们的角度回顾了西浦创建的故事及其对于教育的意义和价值（见附录一、附录二）。所以，这是一份很独特的作品，不是自传，也不是简单的叙事，不像管理学术著作，但又有领导和管理的反思。倒有点像口述历史，但非从第三者角度记录，或者说有点像自我民族志研究，且偏重从治理、战略、领导和管理角度的窥视，加入了更多的感悟和反思。总之，像什么不重要，若能帮人们从一个具有样本意义的案例，更全面认识全球化、网络化、数字化、人工智能时代这段高等教育国际化和中外合作办学的历史，对教育反思、教学重塑、大学再定义过程有所裨益，对创业、治理、领导和管理研究和实践有所启迪，我这样的努力就是值得的！

无奈的是，书中涉及了西浦建设过程中的一些主要的参与者以及站在我的角度的管理分析，如有不当，全是我的责任，敬请这些同事和朋友宽恕！同时，我要衷心地感谢他们对西浦创立和发展所作出的无法替代的卓越贡献，没有大家的共同努力，就没有今日的西浦！

作者

2019 年 8 月 8 日于西浦

目录

第八章　融合智慧 · 163

第九章　反思超越 · 181

结语 · 196

附录一　西浦创建中的故事 · 198

附录二　一位西浦早期经历者的点滴记录·209

第一章

无 心 插 柳

在重视关系的中国，圈子不仅孕育了阶层和秩序，也诱发了不少神秘的故事，包括一些有益的事业！

——席酉民

2008 年，我全职加盟西浦（"西交利物浦大学"简称），次年，全家迁至苏州。

有熟人碰到我，好奇地问，"听说你到什么飞利浦去了，到底在哪儿？"

也常有朋友问："听说你离开西交大（"西安交通大学"简称）去什么利物浦搞中外合作办学了，到底在哪儿？"

甚至有不少同行也问："西交利物浦在西安什么地方？"

了解内情的人会好奇地问："为什么西交利物浦不在西安而选址苏州？"

……

在后来的办学过程中，来访者、记者、同事经常会问及这一问题。看起来很值得讲讲这个西浦诞生地的故事。

费孝通先生精彩地描述了中国文化中的差序格局，"中国乡土社会以宗法群体为本位，人与人之间的关系，是以亲属关系为主轴的网络关系，是一种差序格局。在差序格局下，每个人都以自己为中心结成网络。这就像把一块石头扔到湖水里，以这个石头（个人）为中心点，在四周形成一圈一圈的波纹，波纹的远近可以标示社会关系的亲疏"。而现今社会更流行圈子文化。同学有同学圈子，朋友有朋友圈子，战友有战友圈子，官场有官场圈子。加上互联网的推波助澜，朋友圈侵入所有人的生活和工作，社群和圈子成了社会生活常态。其实再深究，我们不难发现当下社会的分层问题，指全体社会成员按照一定标准或规范演化为彼此地位相互区别的社会集团，其成员之间态度以及行为模式和价值观等方面具有相似性，不同集团成员间却存在差异性。而层内成员相对"同质化"的交流，层间成员比较"异质性"的互动，也会被打上"圈子"的烙印。每一个阶层、社群或通俗的"圈子"内外都有其独特的"生态"环境，孕育催生出围绕圈子的神秘故事。

西浦的诞生与这种非正式组织外的圈子或合作互动文化密切相关。

一、两个神秘人物

西浦的诞生虽然与这两个人没有直接关系，但他们的确为西浦的孕育埋下了伏笔！

应该是 2002 年，时任西安交通大学（以下简称"西交大"）党委书记的王文生提出在苏州工业园区举办西交大分校的设想。该想法源于其在中央党校学习时巧遇时任苏州市委书记的王珉，从而成为同学，于是在学习期间擦出了火花。

西交大 1956 年从上海迁至西安，随后在陕西这块黄土地上发展壮大。但因地域资源和条件限制，在改革开放后期，相较于在遗留部分基础上成长起来的上海交通大学，其发展相形见绌，加上校园中许多南方人的故乡情结，西交大不乏在南方和东部发展的意愿。

苏州工业园区是中国与新加坡两国政府合作的结晶，借中国改革开放的东风，在江南富庶地域迅速崛起，但其产业和经济社会持续发展需要很强的研发力量，然而苏州缺乏基础优良的理工科大学，当时苏州领导极具前瞻性的战略思考，试图吸引国内外著名高校在苏州办分校、研究生院、研发中心和人才培训基地，而且在苏州工业园区专门规划了近 10 平方千米的高教区，并于 2002 年开发建设！

作为同学的二位书记自然一拍即合，有了西交大在苏州工业园区办分校的动议。

然而，西交大校内对此有不同声音，校长对书记这一动议不是十分积极。我当时是西交大党委常委和副校长，负责产业包括教育集团和社会发展等，筹备西交大在苏州的事业就成了我的任务之一。

为了推进西交大在苏州的分校建设，我们首先成立了西安交通大学苏州研究院（以下简称"西交大苏研院"）。西交大苏研院成立时，因种种原因，学校并无真正出资，而是由我在分管的后勤产业和职教系统暂借100万元完成了在苏州的注册，然后由西交大苏研院在发展过程中逐步偿还这部分资金。苏州市政府批准西交大苏研院为事业单位，并给予50人无薪酬事业单位编制，成立时我任创始院长和法人代表，西交大安排吴君华先生和余海红女士任副院长，开始了苏州创业。

在考察、商讨协议时，苏州落地主要操办领导是苏州工业园区副书记潘云官先生。当时的苏州工业园区独墅湖高教区还是一片农田，记得我考察时穿着雨靴，地方陪同领导在路边向远处一指，说那片地就是给西交大准备的。

合作意向书很快敲定，苏州市政府为西交大规划预留1 050亩（1亩≈666.67平方米）土地用于未来校园建设，高教区教育投资公司（以下简称"教投"）投资代建校园。我们在苏州举行了比较简朴的签字仪式，因为当时教育部并不支持大学在异地建立分校，所以我们选择了低调处理，不做大张旗鼓的宣传。

西交大方因不同观点，由我代表行政与王文生书记出席签字仪式。

随后，我们在苏州注册了西交大苏研院，举行了盛大的奠基仪式，高教区也开始设计和建设第一栋教学楼，即现在的西浦基础楼。时任高教区办公室主任、教投董事长的叶峰先生为楼房建设和日后的西浦发展立下了汗马功劳。

尽管西交大在苏州办分校的事运行得很低调，只是西交大苏研院以人才培养、研发、技术转移在高调进行，但依然遇到了来自不同方面的质疑。首先是陕西省人民政府到教育部反映和不支持这项动议，以防止西交大返回到南方。其次，西交大王文生书记和时任校长一起迅速离职，有传言说与这件事情有关。其实，这期间，在苏州除西交大苏研院的积极活动外，西交大苏州分校概念一直处于休眠状态。

二、涌现的机缘

人类发展与自然演化的最大不同是人类的认知以及干预和设计，西交大分校的构想虽没有行动，但无意间却给新的事业发展提供了机缘，新的人、新的发展又制造了新事业萌芽的机会，西浦的发展恰恰符合这种机缘巧合的说法。

此时，从宏观上讲，中国加入世界贸易组织（WTO）后对教育市场的保护到期，为了教育事业健康发展和规范国外教育力量进入中国，国家2003年出台了《中华人民共和国中外合作办学条例》，为中外合作举办独立大学开起了一道门缝。

微观上讲，西交大新一任党委书记王建华教授（图1.1）履新，他对办学和社会发展有战略上的认知、策略上的灵活、思想上的开放。碰巧，他和英国利物浦大学（以下简称"利物浦"）时任校长 Sir Drummond Bone 教授（图1.2）的国际事务助理方大庆教授（图1.3）相熟，在科研上有合作关系，而且方教授曾多次受邀给西交大研究生开设课程。更碰巧的是 Bone 教授有极强的全球化战略，试图把利物浦建成一所全球大学（Global University）。因此，方教授已经开始尝试利物浦在中国的国际教育合作。于是，休眠中的苏州西交大分校的念头在这几位的碰撞中悄悄复活，演化为在苏州由西交大和利物浦根据中外合作办学条例、利用苏州市政府给予的支持条件，创立一所独立法人的中外合作大学，这样既不会对西交大自身发展产生影响，也不会引起陕西省政府的不满，而且有利于苏州发展，西交大也可利用经济社会发达地区的条件和资源在国际合作办学上进行探索与拓展。

"The value of XJTLU lies in its persistence of a unique path, which will also be corroborated by history and the effectiveness of education practice."

"西浦的宝贵价值在于它坚持的独特道路，这也必将得到历史和教育实践成效的印证。"

Professor Jianhua Wang
王建华 教授

Former Chair of Board of Directors, XJTLU, 2006-2014
Former Secretary of CPC Committee, Xi'an Jiaotong University

西交利物浦大学前董事长，2006—2014
西安交通大学前党委书记

图　1.1

和谐心智

鲜为人知的西浦管理故事

"XJTLU is an example of the success that can be achieved when international collaboration is led by strong Universities."

"国际高校的强强联合成就了西浦这一成功典范。"

Professor Sir J.D. Bone
庞德民 教授，爵士

Former Deputy Chair of XJTLU Board of Directors, 2006-2008
Former Vice-Chancellor, University of Liverpool
西交利物浦大学前副董事长，2006—2008
利物浦大学前校长

图　1.2

"XJTLU will be a pioneer for a new education model to meet the challenges of the Fourth Industrial Revolution."

"西浦将成为新型教育模式的先锋，以迎接第四次工业革命的挑战。"

Professor Michael T. C. Fang
方大庆 教授

Inaugural Executive Vice President, XJTLU, 2006-2007
Former Pro-Vice-Chancellor, University of Liverpool
西交利物浦大学首任常务副校长，2006—2007
利物浦大学前副校长

图　1.3

时代的机遇、恰当的环境、适宜的土壤、志同道合的群体萌发了西浦概念。各方一拍即合，各自调派力量，开始了轰轰烈烈的筹办工作。

正应了俗语："有心栽花花不开，无心插柳柳成荫！"

三、后验之明（反思）

现在回想，西浦落地苏州尽管有机缘巧合的因素，但也有历史的必然。任何事物的成功发展都有其背后的演化逻辑，不同的生态会孕育和滋养适宜的事物生存发展，正如西浦落户苏州工业园区独墅湖高教区一样，新加坡工业园区（苏州工业园区初期名称）能落户苏州本身也有很多传奇故事。

苏州除工业园区等现代工业和社会快速发展的环境外，其实有悠久的教育发展史和优良的教育环境，历史上读书人和状元迭出，民间重视教育，愿意为教育埋单。苏州位于长江三角洲，号称"世界经济发动机"，特别是在全球面临金融危机时其地位凸显。苏州在行政上虽是地级市，但其经济社会发展在省级排位中也名列前茅。苏州对社会公益的投资出手大方，社会发展领先全国。特别是因与新加坡合作，开发理念上一开始就很国际化，加上早期对干部的严格培训和新加坡治理经验的汲取，可以说苏州工业园区政府是中国最具服务意识的地方政府之一。

我经常自豪地改造民间说法向外国朋友介绍苏州："如果你想看数千年前的中国，请访问西安；如果你想看数百年前的中国，请去北京；如果想看几十年前的中国，请去广东；如果想看几年前的中国，请去上海；如果想看几个月前的中国，请来苏州。"以说明苏州发展和变化之快、之好。例如，在商谈西交大与苏州合作时我们经常入住和政府宴请的酒店是当时的新宿国际大酒店，其宴请使用的可同时供20多人就餐的大桌子，令我们这些从西部来的穷教授震惊不已和印象深刻。但当我2008年全职加盟西浦的时候，该酒店已不复存在，取而代之的是另外一个更高大现代但失去了传统韵味的新五星级酒店，尽管我不喜欢其风格，举此例只是说明苏州发展变化之快。更不用说不断涌现的高大雄伟的公共设施如体育馆、科技和艺术中心等，令人不解的是，路旁的行人道、树木，包括干部的快速更迭，其速度之快使人目不暇接。

当2014年西安西咸新区试图邀请西浦开设教育中心时，我拜访当时的领导朋友，席间给他介绍办国际学校所需要的国际化社会环境时，包括签证、医疗、社会服务、小孩入学、政府各种服务等，他用了一句国骂，然后说，"这在我们这里10年也达不到"。

第二章

嫁 接 发 芽

战略性决策在时局和趋势上空间与柔性很大，有时候不怕不成熟和不细致，只要基本方向正确，贵在坚持和执行，落实到位了不被看好或广泛理解的动议最后成为前瞻和美谈，而那些被看好和普遍接受的战略构思因未执行到位反倒成了笑柄和失败的案例！

——席酉民

"实天生德，应运建主。"（汉·荀悦《汉纪·后序》）子曰："天生德于予，桓魋其如予何！"（我有天命在身，你能拿我怎么样？）其实，当人们有情怀在胸、使命在身，便会对机遇非常机敏，甚至没有机会而创造机会，面对风险敢于担当，遇到挑战充满智慧，在挫折面前坚韧不拔，西浦发展如出一辙。

中国加入 WTO 后承诺的教育市场保护期结束，西交大和利物浦双方领导敏锐地捕捉住这一机会，决定在苏州工业园区创建具有独立法人资格的中外合作大学。然而，在中国政府并不希望完全敞开大门、各种体系和政策还未建立完整、尚无成功经验可借鉴的情况下，成立一所国际合作大学障碍很多、挑战很大，需要解决许多关键问题，如：①双方形成合作意向；②与苏州市政府和工业园区达成协议，锁定支持条件；③构建筹建团队；④准备申请材料和积极申报；⑤完成审核程序，获得教育部的正式批准。尽管很复杂，在苏州工业园区高教区办公室（以下简称"高教办"）的大力支持下，在各级政府的关怀下，西浦在两年内顺利完成上述五个环节，于 2006 年正式挂牌招生，这个过程一波三折、充满挑战、富于乐趣、值得回味。

一、接盘园区承诺

2004年9月，西交大与利物浦签订协议合作成立西交利物浦（国际）大学，从而拉开了西浦发展的序幕。

对于西交大来讲，这项决定的执行相对容易，因为对校内发展几乎无重大影响，只需筹集所需的筹办费，邀请校内少量人士参与，由西交大苏研院承担具体准备和筹办工作。按照中外合作办学条例和申办要求，双方必须筹集一定量的开办费，注册筹建机构。根据当时情况，西交大很难直接出资，为了方便和灵活起见，由我们在西交大创建的教育集团提供了200万美元，作为筹备金和西浦注册资金。

在组织上，西交大方面由我负责，吴军华先生和余海红女士为主要筹办人员。按照中外合作办学条例，学校法定代表人需由中国公民担任，因此我们首先选择了一名对英式体系有所了解的某著名大学的退休校长作为我们的校长候选人，但经过一段时间的参与，该校长认为自己不太合适。后来经过充分考虑，我推荐了西交大陶文铨院士（图2.1）作为法定代表人和校长候选人。并选择了在英国中国领馆做过教育参赞、曾任西交大电信学院院长和研究生院副院长的吴洪才教授（图2.2）作为学生副校长候选人开始工作。

在利物浦方面，学校层面上 Sir Drummond Bone 校长和当时的学校首席运营官（COO）John Latham 先生为主导，方大庆教授作为英方主要负责人，副校长 Kelvin Everest 教授负责双方协调工作，并选择了利物浦电气工程教授 Jeremy Smith（图2.3）作为学术副校长候选人，在中国进行一线筹备工作。作为公立大学的利物浦方也很难直接提供筹备和注册金，利物浦则选择了其美国合作伙伴 Laureate 国际大学作为其出资人，也提供200万美元作为筹办费，并委派其高级副总裁 Alan Diaz 先生参与重要事项的决策。

"I wish XJTLU to cultivate a great number of talents to realise the great Chinese Dream!"

"祝西交利物浦大学为实现伟大的中国梦培育大批英才！"

Professor Wenquan Tao
陶文铨 教授

Board Member and President, XJTLU
西交利物浦大学董事会成员，校长

图 2.1

"The University is not only a cradle of scientists, but also a field for cultivation of top craftsmen."

"大学不仅是科学家的摇篮，而且也是培育顶级工匠的园地。"

Professor Hongcai Wu
吴洪才 教授

Former Vice President, XJTLU, 2006-2008
西交利物浦大学前副校长，2006—2008

图　2.2

"The devil is in the details."
"细节决定成败。"

Professor Jeremy Simon Smith
Jeremy Simon Smith 教授

Former Vice President, XJTLU, 2006-2010
西交利物浦大学前副校长，2006—2010

图   2.3

苏州方面则由苏州工业园区直接对接，一线主要负责人依然是园区副书记潘云官先生，主要操作则由高教办负责，建设工作由高教区教育投资公司承担。高教办主任叶峰先生带领其团队在筹办期扮演了至关重要的角色，疏通从园区、到苏州市政府、省教育厅、教育部各级政府间的关系，包括联系有关评委和关键人物等。

除苏州工业园区和苏州市政府积极推进外，江苏省教育厅和政府也给予了极大的帮助。教育部因中外合作办学的大门刚刚开启，对独立法人办学机构的审批比较谨慎和严格。但因苏州工业园区的独特地位和快速发展，苏州在长三角经济社会发展中的重要地位和良好经济社会基础，西浦的申请还是备受各方关注。碰巧的是，时任教育部部长的周济院士恰巧是利物浦的校友，对利物浦熟悉。而负责中外合作办学的教育部副部长章新胜先生曾是苏州市市长，更是苏州工业园区创办和发展的早期负责人，曾在哈佛商学院研读MBA，既有国际教育的视野，又有苏州的情结。因此可以说，当时西浦的建设具备了天时、地利、人和，只待各方的通力合作和积极努力了！

苏州工业园区承诺在原来规划给西交大分校的土地上建设西浦。总规划面积1 050亩，共分3块土地，最北面的一块200多亩，已经开建第一栋教学楼，即现在的基础楼，并决定用作西浦办学的起步区。为了继续支持西交大苏研院发展，双方议定从其中划出60亩作为西交大苏研院发展用地。此时，我作为西交大苏研院法定代表人和西浦筹备组中方负责人，全面协调西交大苏研院发展和西浦筹备工作。跨过马路南侧的近200亩地（原暂做体育公园）即现在的西浦南校区留作西浦二期发展用地，再南边的地块（后来给了苏大，现在正在建设的独墅湖医院所在地）作为以后发展预留。按当时的承诺，一期土地每亩作价5万元人民币，校园由地方政府出资代建，供西浦使用，前几年西浦可免租金使用，3年后如果西浦愿意，可以按每亩5万元人民币和建设成本直接回购校园。西浦二期用地如果以后购买，价格锁定为每亩10万元人民币。

二、两校构架未来西浦

西交大和利物浦经过充分协商，准备以 50 对 50 的股权结构筹建西浦，并根据中外合作办学条例的基本规定，形成了如下的基本架构。

董事会由 9 人构成，双方各推荐 4 人任董事，校长为天然董事，西交大方推荐董事长，利物浦方推荐副董事长。按当时双方推荐的筹办人和人事安排，西浦首届董事会董事长由西交大书记王建华教授担任，副董事长由利物浦大学校长 Sir Drummond Bone 教授担任，西交大副校长席酉民教授（图 2.4）、西浦候选学生副校长吴洪才教授、西交大教育集团总裁冯晓光先生作为西交大方首批推荐的董事，西浦候选常务副校长、利物浦方大庆教授、Laureate 集团（也称国际大学）高级副总裁 Alan Diaz 先生、利物浦大学 Patrick Hackett 先生（图 2.5）作为利物浦方推荐的董事，加上西浦校长候选人陶文铨院士共九名。

在管理和运行权力设置上，推选有学术造诣和较高声誉的中国公民作为学校的法定代表人并兼任校长，校长、学生和思想文化副校长、财务副总监由西交大提名推荐，常务副（后来调整为执行）校长、学术副校长、财务总监由利物浦大学推荐，所有高管由董事会任命。具体来讲，董事会接受了西交大推荐的校长人选：陶文铨院士。为方便协调，利物浦任命方大庆教授为利物浦副校长并推荐其为西浦首任常务副校长（在西浦成立后，由第二任常务副校长提议，并经董事会批准，常务副校长更名为现在的执行校长），西交大吴洪才教授担任首任学生工作和党务副校长。另外，利物浦方还推荐 Jeremy Smith 教授为首任学术副校长。按利物浦和 Laureate 约定，利物浦通过 Laureate 推荐了财务总监，西交大则因西浦的非营利性质，从一开始就放弃了财务副总监的推荐权。

"Deep in the real
But live for the ideal
Move up from the real to ideal
So things may be not what they seem!"

"浸淫在世俗里，活在理想中，行在从世俗到理想的路上！"

Professor Youmin Xi
席酉民 教授

Board Member and Executive President, XJTLU
Pro-Vice-Chancellor, University of Liverpool
西交利物浦大学董事，执行校长
利物浦大学副校长

图 2.4

"XJTLU leads the way in the development of new models for Higher Education in China and the World."

"西浦引领着中国乃至世界高等教育新模式发展的道路。"

Mr Patrick Hackett
海凯攀 先生

Former Board Member, XJTLU
Former Deputy Vice-Chancellor, University of Liverpool

西交利物浦大学前董事
利物浦大学前常务副校长

图　2.5

这种治理设置的背后有几件事情值得特别关注。

第一，双方均为国立大学，按条例注册和筹办新学校，双方须有一定出资，但在当时的制度环境下，公立大学直接出资办学有制度上的障碍。于是，利物浦方通过与其合作办学的美国 Laureate 国际大学代为出资，西交大则由我当时在西交大成立的教育集团代为出资，作为筹办金，注册成立西浦筹办机构。从而使 Laureate 成为利物浦背后的一个实际参与者，在董事会里有戴着利物浦帽子的成员，而且财务总监也是由 Laureate 提名经利物浦同意推荐。Laureate 是一个在美国上市的营利性国际大学，其积极介入虽源于与利物浦的合作，其实也涉及其想进入中国市场的战略布局。所以，Laureate 很看好西浦的设立，并尽力想介入西浦的操作，但从治理和战略上来讲，这也会给西浦的未来发展带来挑战，如营利性大学的介入会使社会怀疑大学的非营利性，对品牌有潜在影响；再如，西浦定位为精英教育，而 Laureate 偏向职业教育，也会损害西浦品牌；另外，因 Laureate 很看好西浦，西浦也有利于其进入中国和进行世界布局，所以一直想把西浦拉入它们的网络体系，包括网站宣传，后来还允诺捐款 1 000 万美元等。但西浦为了体现其非营利性、精英定位，一直注意和 Laureate 保持一定距离，有意识隔离其对西浦发展的直接干预，如不允许 Laureate 在网站上将西浦拉入其教育体系，放弃了 Laureate 的 1 000 万美元捐款，在名义上坚持利物浦是西浦合作母校，防止 Laureate 出现在西浦的官方文件中，等等。回过头来看，我们清晰的大学定位和战略上的清醒确保了西浦的健康发展和品牌塑造。

第二，西浦的校长有点像英国大学体系中的 Chancellor，接近于中国的名誉校长角色，主要象征了主权和中方主导，日常的实际运行由常务副校长和后来的执行校长负责。对随后成立的多家中外合作大学来说，在校长权力配置上采用了接近上述的安排，即大都实行的是董事会领导下常务副校长或执行校长负责制，常务副校长或执行校长基本上是由外方推荐。这导致了当时业内和社会普遍关注的中外合作办学被外方主导的呼声和怀疑。西浦的独特性在于，我曾是西交大该项目的负责人，且是中国人，对中国教育有深刻理解，后被利物浦任命为副校长并推荐为西浦执行校长，所以我在大学管理和运行走了一条区别于其他中外合作大学之路。事实上，教育部要求中外合作办学授予外方学位的基本特性，导致国际合作伙伴一定会严格按照其质量控制体系办学，因而会更深介入办学管理过程中。但中方学位一般由新建合作院校而非中国举办校颁发，所以在制度设计上中方举办校在新建合作学校的学术管理上就无动力深度介入。因此，如果坚持中外合作办学的中方主导权的话，在制度设计上，必须关注和探索如何真正体现中方办学主权！或者说，中国举办方在办学过程中如何至少做到不缺位？西浦当时的设置对这个问题并未给出圆满答案。后来，其他中外合作大学的运行多被外方主导的现实，说明这是一个不可小觑的问题。

第三，当时决定50对50的治理逻辑是，好的办学必须有双方深度的认同与合作，依赖双方的投入和真诚，通过协商共识而不是简单票决来决定重大事项。这就要求，特别是主要操作人，应具有极强的协调和平衡能力。西浦自成立10年以来，这种治理体系运行顺利。董事会上从未使用过票决。基本上都是事先通过我在多方间就关键问题进行深入沟通，以事先达成一致，董事会上只是更进一步深入讨论和优化战略决策。但是，值得注意的是，一旦这种平衡被打破，则会引致治理风险，西浦发展快到10年时，即出现了这样的状况。当时，因西交大领导班子的调整和战略重点的变化，对西浦关注力弱化，开始时利物浦领导觉得西交大不够重视，甚或因中方关键人员缺席董事会而觉得自己不够受到尊重，但随着时间推移，利物浦则日渐强势，试图按其思路和设想塑造西浦。这种因领导班子的调整和领导风格的改变，使西浦治理结构长期形成的平衡有失调倾向，显现出一定的治理风险。好在我的特殊地位、西浦过去的成功实践和我在中国教育界的影响及管理经验，虽然处在极不利的管理岗位，无权处理治理问题，但还是采取了一系列的措施，并进行了适时和恰当的沟通，以迅速促进治理结构的调整，特别是新董事长的任命，使西浦原有的治理平衡得以恢复，为西浦第二个十年的快速发展奠定了治理基础。

第四，在西浦是否盈利的定位上，双方洽谈合作协议时其实已约定了西浦应支付双方合作母校一定的品牌使用费和知识资源占用费，也可以看成合理回报，按照中外合作办学条例，这是可行的。但教育部在早期审核和批准中外合作办学时，为了稳妥起见，试图坚持高水平和非营利两个基本原则，而且是宁缺毋滥。因此，西浦在筹办审批时，考虑到教育部的意图，且为了顺利获得批准，在批复文件上西交大和利物浦双方均承诺放弃合理回报，这为后来西浦明确成为非营利组织定位，特别是高水平大学埋下了伏笔。其实，到目前为止，主要的中外合作办学基本上都坚持了非营利性。

第五，一个非常重要的问题是大学命名。观察中外合作大学的名称，不难发现，它们几乎都采用了中国办学城市名称加国外大学名称的模式，如上海纽约、昆山杜克、宁波诺丁汉等。这种取名很容易让人感到这是国外某大学在中国某市举办的教学中心或分校或校园，这不符合西浦至少是我的办学理念。记得在筹备会上，我们就此有很多考虑，也讨论了很长时间。我自己坚持西浦必须有独立的名字，因为既然是具有独立法人资格的大学，就不应该按照校园或分校模式办学，而应有较高的独立性；另外，全球教育面临变革和重塑，简单拷贝一个成熟模式在战略上已经落后。换句话说，在这个教育重塑的时代，新建大学可以学习别人的优点，但没必要连别人的缺点一块儿拷贝，应该伺机创新，利用后发优势，大胆变革，走出一条新路。然而，因是新学校，再考虑到大学是一种信息不对等程度很高的组织，即外部人士很难真正了解大学的内部运转信息，对其办学质量往往需要靠口碑和品牌慢慢获得。因此最好要设法借用两个合作母校的品牌。于是就有了将"西交"与"利物浦"糅合起来这个名字，英文也是把双方前半部分合在一起，即"Xi'an Jiaotong-Liverpool University"（XJTLU）。这个名字长而且拗口，不太好记，但其优点是容易让人从中看出西交大和利物浦的影子，从而形成这两个学校不错、它们合作举办的新学校西浦一定会不差的印象。这对西浦初期的发展起到了很重要的作用！然而长远来看，西浦名字太长且复杂，也不适合西方人的发音，因而不利于记忆和传播，如本书一开头有人常错将西浦与

熟悉的飞利浦混淆在一起，也有人看到我们学校捷豹（Jaguar）车子后边有
XJL 的标志，对我说，厉害啊，你们竟然把学校的名字做到车上了。而有外
国人记不住我们的名字，说好像你们学校的名字跟捷豹车子差不多。为了长
期从战略上解决这一问题，我们在西浦发展有一定知名度时，按照人们的省
略习惯，有意识强化简称，即取西交利物浦前后两个字，这样西交利物浦大
学中文便可简称为"西浦"或"西浦大学"，英文有几个选择，开始试图采
用与中文一样的逻辑，取全名的两头，制造一个新词：XIPOOL University，
缩写 XIPU，同时与中文拼音相吻合。当然民间也有人在早期利用 Xi'an 和
Liverpool 的前两个词 XiLi 制造了"西利"的简称，随着时间推移和西浦被
广泛传播，"西利"渐渐淡出人们的话语体系。

　　第六，具体办什么专业也是筹办大学的战略决策。苏州工业园区之所以
选择西交大办分校，除两位领导人的同学关系外，主要还是因为西交大是理
工管方面的强校，这契合了苏州工业园区和苏州经济社会发展的需求。另外，
西交大与利物浦结盟，也恰因利物浦在理工医等学科的强势。这也是后来被
广为传说的所谓"强强联合"。因此，西浦的专业设计有三个基本原则：一
是苏州的需求，二是未来的趋势，三是两合作学校的强项。此外，筹建大学，
按国家规定，最少应同时开办 3 个门类的学科。最后，经多方协商，依据以
上三原则，西浦从理科、工科和管理 3 个门类选择了 6 个专业（1.金融数学（专
业代码：020119H）；2.信息与计算科学（专业代码：070102H）；3.通信工
程（专业代码：080604H）；4.计算机科学与技术（专业代码：080605H）；
5.电子科学与技术（专业代码：080606H）；6.信息管理与信息系统（专业
代码：110102H））开始筹办。为了突出独特性，双方各自选择该领域教授，
根据苏州工业园区需要和未来趋势以及中英关于学科发展和学位的基本要求，
努力整合双方优势，进行专业与课程大纲设计。

　　中国筹建大学的惯例是从专业学院和最低的三本开始筹办，然后逐步升
级，到二本、一本，学校也需要通过漫长的过程从学院更名为大学，然后再
从三本、二本升到一本或更高水平的大学。当然这个过程有很多影响因素，

甚或偶然因素。但对于中外合作办学来说，因为考虑到中外合作方都是高水平的大学，所以从开门伊始，就可以直接从一本招生，而且直接举办大学。这当然是中外合作大学的幸运，也是一批有志于教育事业探索者的难得机会！

三、筹备过程中的管理趣闻 ✍

中国大学审批分为两个阶段：第一是批准筹建，第二是批准正式设立。尽管这些过程极其复杂也颇富戏剧性，但有过中国办事经验的人一般均可想象得到其中的无奈和精彩，故这里无须赘述。只罗列几个关键时点。

2004 年 9 月，西安交通大学与利物浦大学签订协议合作成立西交利物浦（国际）大学。

2005 年 8 月，教育部批准筹建西交利物浦大学。

2006 年 5 月，西交利物浦大学正式揭牌成立。9 月，西交利物浦大学招收首届本科学生 160 余名。

在这些繁复和艰难的过程中，自然还是有一些轻松和有趣的故事很值得回味。

1 西方校领导和教授对中国评审过程的困惑

众所周知，评审会前大量材料的准备、各种各样的沟通、关键人的默许几乎是共通的，我们也习惯了专家评审过程的发言特征，如果准备得确实到位，专家们一般会肯定一番，但最后总要提出一些问题，或不足，或更高要求。记得西浦批准筹建的会议在苏州举行，利物浦及其合作方甚为重视，派出了校长、副校长和关键教授组成的强大阵容与会。当每位专家充分肯定一番筹办工作时，这些外方参与者脸上流露出欣慰的笑容，但每每此时，专家们会话锋一转，翻译也会强调地说到 But，然后是一番不足、需要改进或更高的期待等用语。所以，每当听到 But，外国大学领导和专家就会从欣慰和开心状态马上转至满脸疑惑或不解，前边不是充分肯定和赞扬吗？怎么每个人都有一个 But？

会后，这些利物浦的领导和教授急切地走到我跟前，关切地问情况怎么样。按照他们的判断，应该说各种筹办很不错，也得到了大家的充分肯定，但为什么每个专家都有一个大大的 But？ But 后边的话意味着什么？否定？

也难为这些西方人，他们对中国人的表达方式还是缺乏深度理解。这里不仅体现了中国中庸的文化底蕴，强调准确地把握事物。另外，专家的肯定是我对你们准备的认同，但并不代表我的水平，指出你们的缺点或弱点或还需加强的方面才真正体现了我的认知高度！所以，But 不只是有分寸表达的习惯，更是专家高屋建瓴的地位和认知的体现。

2 教育部对校长不到会的不悦

批准筹建是创建一所大学非常关键的一步，理应受到特别的重视。而在中国，重视不只是体现在你们准备到位，以及各种文件齐全，更在于各方领导的重视，如重视着装、悉数到场、态度谦和、对各类决定命运的上方人士的毕恭毕敬。

记得那一天，各项准备工作认真到位，井井有条。苏州市政府、工业园区以及高教区管委会当然非常重视，腾出高教区专家楼两栋别墅作为会议休息之地。我们两校筹办人员当然更是紧张和勤奋，因为这是赶考，一年多辛勤准备要接受专家、教育部和省教育厅领导的审查和检阅。

在这种紧张的氛围中，任何关键人员的窃窃私语都会使我们筹备团队精神高度紧张。果然，我注意到了教育部和当地几位干部的面部不悦、有关人员的惴惴不安，他们走向我，提出了严厉的责问，你们校长为什么没有到场？请他赶快赶来，否则……

前文已经提到，早期西交大在苏州办学曾经出现过书记与校长意见不一致的现象，这也很正常。但西交大与利物浦在苏州举办中外合作大学的意向在新班子中并无以前那样明显的不同观点，但办学主要由书记推动和负责，加上校长工作忙碌及其个性特点，所以校长决定不参加此次由教育部和江苏省教育厅组织的西浦批筹审查会。在中国文化下，一校校长缺席如此重大环节，无异于明显表达不重视或党政矛盾或对上级和专家的蔑视，这给我们即将进行的审查和批准蒙上了阴影。

记得当时相关领导很严肃地与我谈及此事，我和书记商议立即邀请校长到会，恰好校长当时就在长三角一个城市参加活动。经过协商，校长下午在会前终于赶到了会场，审批过程也有惊无险，西浦终于拿到了"准生证"。

英方朋友当时也看到了会场内外的紧张气氛，但他们不明就里，也不清楚问题的性质和严重性。对于我们这些生长于和浸泡在中国政治和社会生态环境中的人来说，自然对其背后的奥秘和潜在的风险心知肚明。

3 西方人对"可以做但不能说、可以说但不能写"的困惑

在筹建中，另一个有趣的文化差异是关于契约的理解。西方人很重视契约，如当地方政府官员说，我们可以为校园建设提供廉价的土地，西方人马上会问：什么是廉价？多少钱？不同时段购买的价格约定？可否形成严谨合同？当政府承诺可以代建校园，学校可以免费或廉价租用时，西方人马上会问：成本怎样认定？什么时候和什么样的价格回购？免费租用多久？如付租金怎样计量？当讨论校园分期建设时，西方人一定要说清楚一期怎样建，后边各期土地预留、价格、建设成本、租金等非常细节问题如何约定，最好就这些重要事项签署经过律师认定的合同！

但是，地方政府官员却常讲，有些事我们可以做但不能说，有些事我们可以说但不能写，我们对这种表达心知肚明，但西方人对这样的语言很难理解。于是，为了防止陷入僵局，作为一线管理者，我们不得不采取很多灵活的办法，

使双方能走到一起，形成一个共同可以接受的方案，继续前行。

例如，对有些承诺，西方人一定要见到文字性东西才愿意前行，但当地政府官员即使可以做得更多，而有时很难提供任何书面的承诺。为了打破僵局，在一个关键环节，我建议将董事会放到利物浦大学举行，并邀请当地官员在董事会期间访问利物浦，并列席董事会。会议最后，我邀请政府官员对学校的进一步发展表态，这些官员讲了很多计划和承诺，最后我们请所有到会者在会议记录上签字以示出席，对政府来讲这既不是文件也不是合同，但对西方人来讲，这虽不是合同，但的确是一个文件。

其实，随着合作的深入，对于一系列问题，虽然政府没有事先承诺或有过事先约定，但为了支持西浦的发展，经过我们运营团队与地方政府的有效磋商，均达成有利于西浦进一步发展的结果，如不付或推迟原商定的校园租金等。西方人也慢慢体会到，只要符合战略方向或目标，地方政府经常会比承诺的做得更多。这也是西浦后来发展在遇到一些事先未明确问题时我比较容易协调三方关系的基础。

4 东西方文化的碰撞与交融

我出生在农村，并长期生活在西北，尽管 20 世纪 80 年代末有在京和海南岛开公司的经历，但 21 世纪初来到苏州筹办西交大分校和后来的西浦，依然很开眼界。

记得初到苏州，当时的苏州市委书记王珉常在金鸡湖西岸的新宿国际酒店接待我们，虽也闯荡中国南北，甚至游学世界，应该说并非孤陋寡闻，但我当时还真被巨大的饭桌震惊了，那是我人生中第一次看到一个可供几十个人吃饭的巨大的圆形桌子。

第二个震惊是喝酒的打通关方式，尽管我在京办公司时也经历过亚运会包工头替朋友答谢帮忙设宴时的双膝跪地、酒杯举过头顶、对方不喝不起来的野蛮，但对一桌 20 多人围着桌子打通关一圈、每人 3 杯的方式依然震惊不已，这需要敬酒者多大的酒量啊！难怪听到不少中国酒场上的壮烈故事，有的为公司销售喝坏了肝，有的一次宴请一周无法上班，当然还有喝得没命了的悲惨结局，等等。更令我吃惊的是，西方人当初不习惯那样的相互敬酒和强迫别人喝酒的方式，但几次下来，像利物浦校长 Sir Drummond Bone 爵士也会入乡随俗，不仅喝酒很诚实，而且围着桌子打通关。

后来闲聊时，他们不经意间提到，其实并非他们真心喜欢这种相互敬酒的方式，而是他们在努力学习和适应中国的社交方式。特别是当我们成为好朋友后，如从 COO（首席运营官）升职为利物浦常务副校长的 Patrick 曾经对我说，10 来年，在与中国人的合作中，他学会了中国式的社交。但据我的观察，他们确实看到了我们的社交方式，也邯郸学步，但对其真谛和背后的奥秘其实还无法真正悟透和把握。因为中西方在价值观、伦理观、规则、沟通、透明等人际相处和共事的基本问题上有许多重大差异，随后会在恰当时候举例说明。

5 合作协议签署仪式前夜的争端

在西浦筹办过程中，我自己认知的提升和国际化的体验也很多。有几件事情终生难忘。

1）不打不成交

西交大和利物浦双方经过非常慎重和仔细深入的协商，准备了合作协议，并约定在几月几日前如果双方律师不提出异议，将按此协议举行盛大的合作举办西浦的签约仪式。

我们终于等来了这一天，双方及地方政府准备了盛大合作协议签订仪式。然而，在活动前夜，利物浦当时的 COO John Latham 先生通过其主要筹办人方大庆教授找到我，说合同有几个地方必须调整，如果按照双方事先约定，这是不合约定的要求。但 John 很坚持，说如果不调整，明天就最多签一个

MOU（合作备忘录），这样多方准备的盛大合作仪式就会变成一个合作备忘录签署。我虽然对他们这种不合约定的要求不满，但也理解他们的风险意识和保守态度。此时，我采取了中国人擅长的灵活性，先与方大庆教授分析其主张的合理性和可能引起的重大变化，特别是其英文用语背后的潜在风险，等我觉得不至于引致战略性风险的情况下，决定同意接受其适度的调整。通过方教授的斡旋，我们终于于半夜重新确定了合同。然后连夜修订和准备合同文本，以确保第二天盛大仪式的顺利举行。

我和 John 的"争斗"最后成就了我们的好朋友关系，应了中国的说法，不打不成交。当后来学校急需选择执行校长时，他们毫不犹豫地推荐身为西交大合作方负责人的我作为利物浦的一线负责人。而且，后来在他离开利物浦后，还亲自陪同我去意大利、瑞士等地考察学校。在西浦 10 周年时，他还给予我在西浦发展中领导力的极高评价。

2）确定性遭遇不确定性

在合作中，另一件令西方人非常不悦的事情是中方很多事情都是到了最后一刻才能确定下来。西方人总是习惯提前很长时间事先确定重大活动及其参与人。例如，他们总是希望一年前就能确定董事会日程，如明年几月几日几点在哪儿开。然而他们发现，若要硬让中国人确定个日子，但他们无法确保那一天一定会出席。越是重大活动和重要人物，中方总是到最后一分钟才能确定。我经常与他们开玩笑说，你们是越早越好确定，我们中方往往是越晚越好确定，特别是对重要人物而言。之所以这样，可能与中国文化和治理体系有关，简单来说可能是在这种体制和文化环境下已经形成了他们的工作习惯，但更重要的可能是他们无法完全操控自己，因为还有更高的领导和更重要的事情需要他们随叫随到。

例如，由工业园区（SIP）和高教区全力推动的双方盛大签约仪式由我主持，除我们前述的合同的变故外（这也是我第一次面对西方违背事先约定的反常案例），我遇到的最大挑战是中方的多变，我的主持稿修改了不下 8 遍。

甚至园区王金华书记临进门前还决定增加翻译。我们原计划不用翻译，所有文件准备了中英双语版本，所有发言人可根据自己喜好选择用语。但王书记认为这样的重大国际化活动应全程配翻译，因此我们在开会前最后几分钟临时安排了翻译人员。

中外双方在事先规划和最后一刻决定上的巨大差异成为我们工作上的常态，我必须为此进行折中和寻求双方可以接受的策略。

3）职业精神

作为管理学教授，筹备过程中另一个冲击我理念的是职业精神。利物浦方选派了电子电器工程教授 Jeremy Smith 辅佐方大庆教授筹备西浦，Jeremy 从课程设计、楼房建设、内部布局以及内饰等全身心和细致入微地夜以继日地工作着。方教授和 Jeremy 的认真和敬业精神使我对西方人的职业精神有了新的理解。

我们经常讲做什么要像什么，但在现实社会中，我们有很多做什么不像什么的调侃，如教授像商人、商人像教授。在西浦筹办中，从这些领导和教授的工作行为中，特别是对照我们在中国环境下看到的很多缺乏职业精神的现象，使我对职业精神有了特别的关注和新的解读。例如，当我们讲精密制造时，我在西安飞机发动机制造公司看到工人对仍在使用的几十年前德国机床的精准由衷的赞美，也看到了我们工人和文化中充满了"差不多主义"。例如，按工艺一个螺丝应该拧 3 圈，但工人拧到两圈半时因费劲就不拧了，本来应上 4 个螺丝固定的东西只用两个了事，还牵强地说这利于以后的维修，到处充满了"干什么差不多就行"的习惯。这种东西方文化和行为中的差不多与严谨、对职业不太当回事和严格敬业的反差强化了我在西浦将职业精神作为西浦 TIPSH2（Teamwork，Innovation，Profession，Sincerity，Hospitality and Happy）（团队、创新、职业、真诚、热情和幸福）行为模型的重要组成部分。

我后来还逐步发现，大部分西方人在离职前，都会认认真真地工作到最后一刻，并完成好交接任务。但过去我在中国的经验却是，一些人员在离职前较长时期就开始懈怠和不负责任，甚至有捞一把或趁机挥霍一番的举动。

4）访英及对英大学体系的疑惑

在西浦筹办期间，为了对未来学校发展有更清晰的理解，西交大书记王建华教授带领我们主要筹办人员专门访英，参观和考察了利物浦、牛津、剑桥、爱丁堡等大学，特别是对利物浦和牛津进行了比较深入的解读。

我自己有在加拿大数所大学访问学者的经历，也曾在美国、新加坡、中国香港数所大学访学与合作研究，在中国台湾的大学教过书，但对英国大学的理解仅基于几次学术会议的到访体验。此次访问牛津、剑桥等英国名校是第一次从办学和大学体系方面的考察。坦率地讲，这次访问使我有机会较深入地了解英国教育体系，特别是牛剑这样的顶级大学。虽然带着仰慕的心情，但在牛津与教授、院长、校领导的交谈，使我在欣赏其精英教育环境的同时，受到较大冲击的是其复杂的院校组织关系及其长期形成的各种委员会官僚层级式的治理体系，一是其运行成本非常昂贵；二是其决策效率非常缓慢；三是其相互制衡很难形成重大变革的无奈，这种感受不由自主地将自己在公立大学长期体验和听到的脸难看事难办、行政化等诟病联系起来，使我对这种大学运行体系形成了一种莫名的好奇和怀疑感，也更强化了我于1993年在西交大执掌管理学院时大刀阔斧改革的思路，即统一资源和品牌、推进平台式服务、强化各学术单位学术自主和能动性、与国际教育和学术体系接轨等，以及21世纪初创办西交大城市学院时制定的策略，即明晰愿景、清晰定位、建立学术、学生、行政、基础设施4个服务中心无缝链接的大学运转平台体系，这些对我后来到西浦主政后的战略定位和体系构建均有重要影响。随后，多次访问牛津，并与其校长、副校长、学院的master以及大教授成为朋友，多次受邀演讲和深入讨论，特别是与其主管反思和总结牛津近100年发展历史的副校长交流，深感其运行的独特性和在当代社会背景及技术环境下面临的挑战。

英国学校众多，所以很难笼统讲英国教育体系，因为牛、剑两校的运行很特别，即使就罗素集团的优秀大学而言，其差异也较大，更不用说众多其他类型的大学了。但有一点是共同的，这就是其以 QAA 为基础的严格的甚至是僵化的大学质量控制体系。其基本特点是保障每个学生学到最基本的知识，做法是用严格的成体系的过程控制，让不想好好教的老师教不坏，让不想好好学的学生也要学到最基本的知识，另外给精英学生留有更大的自我发展空间。但直率地说，这种体系的基本逻辑似乎是，大学或专家学者知道学生应该学什么，是以专家设计的和教授体系主导的知识教育，其严苛的质量控制过程不仅效率低，而且会制约或影响教育的创新。与美式教育营造学习环境，学生在一定学术框架要求下自我设计和自我发展的教育哲学有很大的不同！

5）西浦诞生前夜的努力

2006 年 5 月的一个下午，在教育部会议室，如约西交大书记王建华教授、利物浦大学校长 Sir Drummond Bone 教授和我将与教育部主管国际合作办学的章新胜副部长见面，商谈批准西浦办学事宜。

我们如约 3 点到会议室，但章部长只是让其秘书上上下下给我们转达和沟通有关情况。直到 4 点多钟，章部长方下到楼下与我们正式会面。

我与章部长有过多次交流和活动的机会，知道他是一个知识渊博、国内国际事务经验丰富但很随性的人。见面寒暄两句后，他慢条斯理地讲了几点，最后落脚到要利物浦承诺颁发学位给未来在西浦成功完成学习任务的学生，换句话说西浦学生完成学业后可获得利物浦和西浦双学位。这对利物浦是一个很大的挑战，不仅校内有关委员会要认同，而且要经过英国 QAA 认证，所以 Sir Drummond Bone 校长对此有点犹豫。但章部长坚持，如果利物浦同意，我们马上批准西浦成立，否则很难。

其实，当天下午 Sir Drummond Bone 已经购买了回英国的机票，时间很紧。部长不慌不忙地娓娓而谈，Sir Drummond Bone 内心虽急于赶飞机，但表面非常冷静，几乎没有一次下意识或偷偷地看表，这个细节也让我对英国绅士风度有了更深入的理解。部长的话已经说到了这个份儿上，Sir Drummond Bone 校长不得不退让考虑利物浦学位授予问题，议题就变成了西浦学生至少需要在英国学习多长时间。经过一番议论，最后妥协到西浦学生在学期间在英学习不低于半年作为获得利物浦学位的必要条件。其实，因西浦从筹办伊始就接受利物浦和英国QAA认证，所以后来并不要求西浦学生一定去英国学习一段时间作为获得学位的前提条件。

当相互妥协后，Sir Drummond Bone 起身冲向门口，我陪送他到门口，看到了他头上流淌的汗珠。回来落座后，我告诉部长，他要赶飞机，部长慢慢地说，我们机场不是有VIP通道吗！我开玩笑地和部长说，我们没有从教育部到机场的VIP通道啊，这可是下午接近6点多堵车的高峰期啊。后来得知，因校长坐的是英国使馆的车，连冲带突，还是赶上了飞机。

部长则轻松地告诉我们，我之所以坚持利物浦授学位，是因为，只要它们授学位，它们就会注意教育质量。他认为这是合作办学必须坚守的。后来，我们的实践表明，这一基本要求使我们有机会从英国教育体系学到很多东西，特别是质量控制体系的构建，但也发现因授英方学位，其认证体系和厚重的教育传统也限制了我们创新的空间，在某种程度上延缓了我们教育变革的速度。如果中外合作大学不积极推进创新，充其量学到一些外国合作伙伴有价值的经验，但在这个全球重塑教育的历史时刻，很难走出自己的引领之路。

这次会见实际上是教育部批准设立西浦的最后决策环节，此后不久，西浦就得到教育部批准设立的正式批复。

有趣的是，会见后，章部长邀请王建华书记和我与他一道与中国驻阿联酋大使共进晚餐。此时大约是6点左右，他说，你们等我一会儿，我就下来。结果他下来时已经7点多了，那边大使们也在等着。我们再次体验了章部长随性、冷静的个性。（很巧，就在我写这段话的时候，他的助理发短信约我晚上6点与章部长通话，此时他的头衔是世界自然保护联盟主席。）

2006年5月，教育部正式批准成立西交利物浦大学。

—— 第三章 ——

呱 呱 坠 地

管理实践是一个完整的过程，任何割裂地观测都有可能构成偏见、导致谬误，有造诣者往往会穿越迷茫形成洞见、提升智慧与心想事成！

——席酉民

鹰的诞生！

"啊，谁见过，鹰怎样诞生？在高山峡谷，鹰的窠，筑在最险峻的悬崖峭壁，它深深地隐藏在云雾里。仰望着鹰窠，像瞅着夜天上渺茫的星星。虎豹望着它叹息，毒蛇休想爬上去，猎人的枪火也射不了那么高！

江南的平原和丘陵地带，鹰的家筑在最高的大树上（哪棵最高就筑在哪棵上），树尖刺破天，风暴刮不弯。

鹰的窠，简简单单，十分粗陋，没有羽绒或茅草，没有树叶和细泥，全是些乌黑乌黑的枯树枝，还夹杂了许多荆棘芒刺。它不挡风，不遮雨，没一点儿温暖和安适！

鹰的蛋，颜色蓝得像晴空，上面飘浮着星云般的花纹，它们在鹰窠里闪闪发光。鹰的蛋，是在暴风雨里催化的，隆隆的炸雷，唤醒蛋壳里沉睡的胚胎，满天闪电，给了雏鹰明锐的眼瞳。飓风十次百次地激励它们长出坚硬的翅膀，炎炎的阳光铸炼成它们一颗颗暴烈的心。

啊，有谁看见过，雏鹰在旷野上学步？又有谁看见过，雏鹰在屋檐下面歇翅？雏鹰不是在平地和草丛里行走的禽类。它们的翅羽还很短小的时候，就扇动着，鸣叫着，钻进高空密云里学飞。风暴来临的时刻，让我们打开门窗，向茫茫天地之间谛听，在雷鸣电闪的交响乐中，可以听见雏鹰激越而悠长的歌声。

鹰群在云层上面飞翔，当人间沉在昏黑之中，它们那黑亮的翅膀上，镀着金色的阳光。

啊，鹰就是这样诞生的。"（牛汉）

西浦虽不是鹰，但其诞生和发展却有着和鹰一样的情怀！

一、秩序导向与机会导向

获得教育部口头批准后，西浦迅速召开了一次董事会，讨论后续的办学事宜。可以说，这是西浦获批后的首次董事会，会议议题自然很多，然而值得记述的则是关于当年是否招生的争论。

我当时代表西交大参加董事会，并具体负责西浦以及西交大苏州研究院的发展。在董事会上，就当年是否招生我和英方形成了鲜明的对立观点。英方认为，具体招生工作应推至 2007 年，因为我们还有许多工作需要筹备和就绪。我则坚持认为必须当年招生，因为我们已经筹办了两年，虽然还有不少工作要做，但均可在开学前基本到位。如果不当年招生，我们则会浪费一年时间，而且这一年的筹备也会低效。

于是，便有了以下的争论：

英方说，我们还没有拿到执照。

我说，文件很快会下来，办执照很快，开学前办好毫无问题！

英方说，我们还需要物价部门审批学费。

我说，拿到批复立即申请，不会影响到我们招生！

英方说，我们一些实验室和教室设施还没有完全到位。

我说，离开学还有几个月时间，开学前到位没有问题！

英方说，我们的师资也没有完全准备好。

我说，离开学还有几个月时间，届时师资到位应该不成问题！

英方说，即使马上拿到批复和上述条件能到位，现在已经是 5 月底，马上高考，宣传推广时间太短，难以启动招生。

我说，时间确实太仓促，但为了争取一年机会，只要我们积极努力，2006 年招生应该有较大把握！

在我极力地坚持下，最后董事会同意当年开始招生，于是在招多少学生上又发生争议。

英方说，鉴于我们的基础和条件以及筹办情况，应尽量控制招生。

我则认为，既然已经启程，就应竭尽全力，尽可能多地招生。我坚持争取至少 300 招生名额。

因时间紧，对于西浦这样一个名不见经传的新学校，开始招生确实是一项艰巨的挑战。而且，当年的学费是每年 5 万元人民币，是国立大学学费的 10 多倍。另外，录取成绩还要求是一本线。所以，招生难度可以想见。

因时间关系，我们当年仅在江苏按照一本线招生。应该感谢的是，当时以叶峰先生为领导的工业园区独墅湖高教区管理办公室和教育投资有限公司为西浦起航立下了汗马功劳。他们不仅在筹办、审批、疏通各方关系方面倾尽全力，帮助西浦顺利获批，而且动员所有力量投入西浦招生工作。

可以想象，当年西浦招生对家长来说是一场赌博。①很多人不知道西浦，让人知晓是第一步，除各路人马的四处推介外，在叶峰先生的领导下和教投的支持下，招生期间西浦在凤凰卫视和中央电视台投放了广告；②要说服家长，西浦是一个值得选择的学校。当时学校只有一栋未完全准备好的大楼，即现在的基础楼。学生考到一本线还要交 5 万块来上一个各种条件未完全到位的新学校，对学生和家长来说，都是一项不可思议的决策！但不少考生因成绩刚过一本线，甚或略低一本线，江苏有政策，一本一批次招生的大学允许部分学生线下 5 分录取。于是对这些学生来讲，进一本好学校很难，很多学生充其量能进入一个好的二本学校。但如选择西浦，不仅是一个一本学校，而且是国际化合作办学，特别是从西交大和利物浦两个举办学校来看，都是很不错的大学，因而质量应该有一定的保证。所以这批学生和家长冒着高学费赌一把的风险，选择了西浦。当然，4 年后，因首届毕业生在国际学校研究生录取中大获全胜，15% 以上进入世界排名前 10 的大学，绝大多数进入世界排名前 100 的大学深造，这些学生和家长庆幸自己买了蓝筹股，赌博成功，西浦也因此名声大作。

西浦 2006 年首批招生 160 多位，西方人大呼成功，在 9 月的董事会上，他们举着拇指对我说："Professor Xi，You are right."（席教授，你是对的。）我当时之所以坚持当年招生，出于两点考虑：一是我们已经筹办两年，如果不招生，再筹备一年，人们会懈怠，筹备进展也有限。如果紧锣密鼓地开始招生，虽时间仓促，挑战不少，但会促进筹备，而且会振奋人心；二是在当时中国，改革发展和社会变化迅速，提早一年开门会非常有利于西浦未来的发展，这个机会收益会很大。所以在争论中我告诉西方人，我们是在中国办学，必须了解中国的文化和市场，不能一味按着你们的习惯。例如，在英国，你们要出门，一定是穿好衣服、化好妆、围好围巾、戴上帽子，然后拿上雨伞才慢慢出门，你们是以秩序为导向，减少和防止风险。而中国市场的快变，做事需要机会导向，捕捉住了机会，即使准备不完全到位，要比准备到位但失去机会的成功概率大很多。所以对于中国人来说，一旦有机会，会提着鞋子冲出去，边跑边穿鞋子，而不是像你们那样等一切就绪才慢慢行动。

在后来的管理过程中，尽管有国外学习和生活一段的经历，有作为管理教授的开放心态和国际化视野，有对东西方文化和习惯差异的足够认知和思想准备，我还是遇到了很多种文化和管理理念上的差异甚或冲突。

如西方人偏爱工作与休息时间分明，入职合同必须写明工作时间和假期。依据他们的理念，工作以外、周末和假期是私人时间，我愿意这个时段做事是我的喜爱，并不是我的责任。甚至早期一些西方校领导休假期间就像失踪了一样，电话和邮件一律关闭。东方人这个观念不是十分明晰，以工作或任务为重，非工作时间如周末和假期加班是常事，我们对此习以为常。当然，随着西浦发展和文化环境的不断成熟，双方均发生了不少改变，东方人强化了工作和休息间的界线，西方员工也逐步适应东方人以工作为重的理念，现在一些西方校领导也在非工作时间处理业务，这当然与领导者个性也有关系，但至少文化上在不断演变；再如，对西方人来说，公事和私人生活界限分明，如在西浦手机号码是私人信息，只在人事处留存，以备应急时使用，日常工作主要通过邮件和办公室电话来完成。但中国环境下这个概念很模糊，手机与人绑定，是个人工具，包括生活和工作。所以，当外面的人员索要我们员工手机号码无法获得时很不理解。

还有关于透明、沟通等概念，字面上大家都理解，但在做法上差异很大，例如在西方人看来，即使我们很多事情按程序已经进行了必要沟通，他们依然会认为你不透明。我记得20世纪80年代末我带了一个教育部教授代表团，最后一站访问美国五角大楼，与美国战略专家对话时，他们始终在挑战中国的不透明，说你们用火箭打击外太空卫星到底想干什么？在我和利物浦以及外国员工合作中，也常被认为不够透明，不是说我没有按程序办，而是因为他们所说的"透明"是要经过一个包括众多相关人员参与的、漫长的酝酿和讨论过程。因此，在英方一个重要事项往往需要很长时间甚或数年才能最后落地，但在中国我们希望快速抓住机遇，迅速实施，如上面提到的西方人偏向于"秩序导向"、中国人习惯的是"机会导向"。为了抓住机遇、"跑赢"变化，在西浦我们的事业发展推动得很快，即使程序合法，也未必满足他们心目中的"透明"概念。

此外，因备受国立大学官僚层级体系低效率的折磨，也看到了世界大学发展受其管理体系的制约，我试图在西浦探索有利于知识工作者和知识组织效率提升的网络化组织实验，但西方人特别是受过科学训练的学术专家很偏爱传统的官僚层级管理体系，他们学习的知识和积累的（管理和被管理的）经验都是在传统的管理体系下形成的，因此非常重视正式组织和权力体系，很不习惯网络组织下的非正式合作、个人创新性突破以及自组织运行等。所以我们双方在行为和文化以及对待各种委员会、程序、政策的观念和运行上有很大差异，这里不再赘述，后边在适当的地方会顺便提及。

回过头来看，其实我们走了一条相互塑造的道路，也正是我们的这种坚守，才走出了一条在中国办国际合作大学的可行甚或容易成功之路。我后来总结到，理论上大家习惯讲，在全球化市场做事的原则是"Think globally，act locally"（国际视野，本土行动）。但基于我自己的理论研究和实践，我却认为应该是："Think globally，understand locally，act internationally."（国际视野，本土理解，国际化行动。）

二、突破规定的"逻辑"

师资是办学的重要因素，《中外合作办学条例》里关于师资有一条明确规定，即双方合作母校各出 1/3 的师资，新成立的学校独立招收 1/3 的师资。该项规定的目的是确保新举办学校师资的基本质量。但我们发现这项规定出发点是好的，但实施起来有较大难度。例如，西浦办学目标定位为国际化大学，因此所有专业课要全英文授课。如果要从西交大选取可以全英文授课的 1/3 教师，这是不可能的。另外，从利物浦选取 1/3 老师授课理论上虽是可能的，但让这些教授全职过来也有困难，如果采取出差的做法，不仅成本高，而且这种现在流行的所谓"飞行教授"并不能保证长期办学质量和学校发展的稳定性。自己招 1/3 当然没问题。于是，面对挑战和长期发展思考，如何遵循规定解决师资问题就成了起步阶段的一个重大战略决策问题。

面对规定的具体形式，应当深刻认知规定的目标、目的。因此我建议，只要满足甚或超越规定的目标，形式上应该是可以突破的。经过充分的酝酿和讨论，我们认为，规定中的 3 个 1/3 的师资安排的根本目的是构建一支相对稳定的有质量保证的师资队伍。如果我们换一种方式，依然可以满足规定的目的甚至好于规定的意图，应该也算是执行了规定。

理论上理解了规定的意义和价值后，西浦在初创之际，在专业设计和规划时充分利用双方的优势资源，进行专业、课程、大纲等设计。在中国见长的文化和基础教育领域，从西交大和中国著名大学如北大、清华、南开、同济等聘任了包括国家教学名师的著名教授组建的、阵容豪华的基础课程（如数学、物理）教育团队，被学生们戏称为"梦之队"。在国际师资团队上决定突破 1/3 的布局，全部按照国际一流大学标准全球招聘西浦的专业教授团队。这一决定虽然形式上不是规定中的 3 个 1/3 的师资团队结构，但从长期办学质量和稳定性来说要远远好于规定中的教师结构。

实践证明，西浦从一开始创新性地执行规定的做法为西浦后来高水平持续发展奠定了厚实的师资基础。西浦专业师资结构基本上稳定在 80% 外籍、50% 非华裔外籍，西浦拥有世界上最强大或之一的大学外语中心。西浦还拥有国际高等教育学会（HEA）在中国唯一认证的学术提升中心（AEC）以及一定量的会士、高级会士（或院士），包括 HEA 认证的教师职业资格培训课程体系和证书（CPS）等 [注：AEC 及其资源和责任于 2018 年 2 月全部整合到 ILEAD（西浦领导与教育前沿研究院）]。目前西浦已经对其他高校开放了该证书培养体系，并与其他大学的教师发展或培训中心形成联盟，一道为提升中国大学师资职业水准和教育变革贡献力量。

三、"一栋楼大学"扬帆起航

2006 年 9 月，西浦终于在正式获批后不到 3 个月时间正式开张，在基础楼迎接了首批 160 多位学生。

此时，校长是陶文铨院士，常务副校长由利物浦方推荐董事会任命的方大庆教授担当。据当时的学生和员工讲，学校虽然老师不多、设施一般，而且还在逐步到位，但方校长的国际视野、职业精神、兢兢业业的办学态度，赢得了大家的尊重。

交大方推荐董事会任命的学生副校长是吴洪才教授，他分管招生和学生日常事务管理，学生虽然不多，但新学校各方面亟待发展和完善，其全身心地投入，并通过各种方式的沟通使家长和社会逐步放心，学生也很快融入学习当中。

学术副校长则由利物浦方推荐董事会任命的 Jeremy Smith 教授担任，他实际上在筹备期间就一直落地苏州，辅佐方校长进行日常和学术管理，从基础楼的装修、功能布局、设备和家具的采购、各种办学环节的安排到整个教育过程的协调，可以说事无巨细、尽心尽力，保证了西浦教学一起步就能高水平、有秩序地进行。

应该说，这一阶段招募高水平师资、使各种教学和实验设施到位、教学环节衔接配合、学生学习观念改变和校风的慢慢形成等，是稳定人心、增强办学信心的关键。可以说，这支团队经过一年努力，被戏称为"一栋楼的大学"算是正式落成，步入正常运行。

办学之初，因为小而弱，一般上上下下和前后左右会形成极强的凝聚力，以捍卫自身的合法性和提升自己的尊严。所以，当时师生员工以及高教区，大家万众一心、团结一致，是一支虽显"稚嫩"但非常努力的团队。记得当时西交大国家教学名师、高校数学教育指导委员会主任委员、数学系前系主任马智恩教授到西浦帮忙建设数学物理等基础教学中心，招来了包括同济著名数学教授郭敬明、清华大学数学系前系主任韩云瑞教授以及北大、南开、天大等一群一流大学的著名教授加盟，形成了西浦当时的基础教育的梦之队。马教授回到学校多次找到我激动地告诉我西浦学习风气的浓厚，他说在西浦，每次上课之后，学生们非常积极，主动排队提问题，老师也必须安排足够的 Office Hour（办公室时间）进一步与学生讨论或指导学生学习，而且老师也非常乐意在课余时间甚至晚上加班帮学生学习。这与他在原来学校学生学习情况形成了很大的反差，不少学生上课不好好听，课后也鲜有学生利用 Office Hour 与老师讨论。

四、首次换帅

经过近一年发展，西浦已逐渐步入正轨。此时，方大庆教授因年龄原因决定离职，利物浦方必须寻求常务副校长的新人选。方教授首先找到我，希望我来接替他，但我当时从西交大脱身的时机尚不成熟。于是，利物浦通过猎头公司搜寻，选择和推荐了英国皇家工学院院士、Brunel 大学副校长宋永华教授（图 3.1）作为接替方教授的候选人。

在接到利物浦方推荐信息后，我作为当时西交大方负责西浦的校领导，与正在京开会的王建华书记、郑南宁校长一起在北京与到京访问的宋校长见面，算是交大方的一次面试。见面交流后，从学术上我们无须作出判断，因为他是英国皇家工学院的院士。从学校管理上，他是英国大学副校长，有一定大学管理经验。但在中国新办一所国际大学，其挑战应该更大，不仅涉及新创建一所大学的各种内部组织和运行问题，而且会涉及教育体制、政策、社会文化、教育观念与国际化办学间的很多冲突、矛盾的处理。当时，我们从后者考虑，并无足够信心。信息反馈后，利物浦方告诉我们，宋教授是他们目前能找到的最好人选。随后，宋教授于 2007 年初接替方教授以利物浦大学副校长身份担任西浦常务副校长。

宋永华教授到任后，决心将西浦办成中国土地上的一流国际大学，从办学理念、教育定位、组织方式多方面进行了一系列变革。我记得参加了他组织的盛大的西浦成立 1 周年庆典，他也将常务副校长职位经董事会批准调整为执行校长。

但遗憾的是，宋教授到位不足 1 年，利物浦方董事会成员对其领导西浦发展的能力和行为有了不同看法，经过一段时间的观察和研究，利物浦方决定向董事会建议更换人选，以防止因宋教授的运行与董事会的期待的差异影响学校的长期发展，并启动了候选人的搜寻。

"XJTLU is the carrier of teaching experience between China and Britain."

"西浦是中英双方教学经验结合的载体。"

Professor Yonghua Song
宋永华 教授

Former XJTLU Executive President, 2007-2008
Former Pro-Vice-Chancellor, University of Liverpool
西交利物浦大学前执行校长，2007—2008
利物浦大学前副校长

图 3.1

经过半年多的准备和候选人的确定，于 2008 年 7 月底英方正式通知宋教授董事会所做的终止其任职的决定，8 月 6 日董事会正式解除了与宋永华教授的合同。在这个过程中，我第一次近距离地体验了英国人处理这类高度敏感问题的做法，或者可以说给我上了英式政治的第一课，使我对英方管理方式有了初步体验。之所以如此说，因为在西浦的发展中，我一直代表西交大负责该学校的筹备、建设和运行指导，与英方有着密切的接触与合作，也与宋校长保持着紧密的沟通。宋教授担任校领导后，对一些发展问题，在有需要时也会咨询和征求我的意见。在董事会决定终止他合同的过程中，我被董事会选作接替者，因整个过程处于高度保密状态，在此期间他有时还问我一些问题，我又不能告诉他当时的状况。因此，当董事会在公布其决定时，不难想象宋教授的感受，应该是充满了震惊和气愤。坦率地讲，一开始在情绪的驱使下，他告诉我想利用媒体等采取一些方式表示不满，我劝他冷静下来，这样做会几败俱伤，得不偿失。而且，这也不是什么世界末日，只是不同人对不同岗位和人事的合适性的判断，很难多方一致，当时最好的策略是面对现实，开始自己新的人生。自然，宋教授的国际工作经验和见识，也使其很快冷静下来，重启其事业的新征程。

五、怀揣梦想的果毅抉择

因在筹办西浦过程中与英方的合作和战斗，双方有了充分理解和信任，所以办学伊始，方大庆教授曾建议我到西浦任职，但我认为当时我离开西交大的条件不成熟，婉拒了方教授的邀请。在其 2006 年底因年龄准备离职时，他又建议我过来接任，又因我在西交大的任职和处境，不是恰当离开的时候，再次遗憾地对方教授说不。所以，当董事会寻求新任执行校长时，方教授又极力推荐我，曾在筹办和合同签署过程中打成朋友的利物浦当时的 COO John

也高度赞赏，利物浦当时的校长 Sir Drummond 也因一道筹办和合作过程中的高度认可而极力支持，利物浦方再次向我伸出了橄榄枝，积极动员我接手西浦。

此时，我在西交大任校领导已有 10 年，其间虽有两次机会到其他大学任校长，均被我放弃。一次是 2000 年西交大与陕西财院、西安医科大学并校时，教育部建议我到陕西一所不错的大学任校长，当时考虑到这所大学很难实现自己的教育理想而委婉回绝。另一次是 2006 年教育部推荐我去一所副部级大学任校长，这是很多人梦寐以求的良机，当时给我 3 周思考决策，但我只用了 3 天，在进一步了解该校处境和未来挑战后果断放弃。主要原因是，尽管这所学校很有特色，但其地理位置、周围环境包括政府的支持条件有限，自己虽然有信心通过努力迅速改变其现状，但很难改变其战略上的颓势，故委婉拒绝。但当利物浦再次邀请我主政西浦，此时我刚年过 50，在西交大已任职 10 年，积累了丰富经验，而且对中国教育体系及其问题和挑战也有深刻认识。虽然在公立体系我还会有其他机会，但我觉得我必须对自己人生最精华的未来 10 年做出战略抉择。因此，我决定慎重考虑这个邀请。

作为管理学教授和有丰富管理实践的我，自然对战略机会甚为重视，但对战略性风险也非常敏感。我觉得带领西浦发展对我来讲是一个战略机会，但必须消除其后续可预见的战略风险。而当时在我看来，这个幼小和存在很多问题的学校，其战略性风险主要是和政府的关系，如政府代建校园的廉价使用和后续发展过程中的政府支持，这影响到学校的生存和长期发展，而且不是我单方面可以把控的，至于其他操作风险则取决于自身的驾驭力，你如若强大就没有战略性风险。因此，我在 2008 年初飞了一趟苏州。我到苏州时已是深夜，在路上就给独墅湖高教区高教办主任和教育投资公司董事长叶峰打电话，他是政府负责西浦发展的关键人，他和我几乎同时到达尼胜万丽酒店。他一进门开玩笑说，你比我老婆都厉害，你一叫我就从床上爬起来过来见你。我与他就校园建设、租金、政府对大学的期待等关键事项谈了近 1 个小时，第二天一早飞回西安，并通知英方，我可以考虑接受这个邀请，带领西浦发展。

其实，我离开西交大也并非易事，因为我曾经是当时中组部在陕西考察过的少数几位省级后备干部，又是西交大现职领导，必须经过教育部和中组部点头认可才能放行。在征得学校王建华书记和主要领导认可后，王书记把我的决策报告给当时教育部主管人事的李卫红副部长，李部长又汇报给当时的周济部长。据王书记告诉我，周部长曾问他，是不是席酉民对教育部对他的使用有意见，王书记说，他告诉部长不是，主要是席校长想做一些事情。后来王书记又利用中组部会议机会把我的决策报告了中组部，最后西交大常委会决定，同意我到西浦工作，并保留我在西交大的教授岗位。换句话说，不是通常意义上的停薪留职，而是我依然属于西交大教授，西交大工资照发，但年底我需返还，于是我以这种特别身份走上了领导西浦创新发展之路。

2008 年 8 月 6 日，西浦董事会正式任命我担任西浦执行校长一职，但因还未最后获得教育部和中组部同意，在执行校长前加了一个前缀代理（Acting）。我告诉董事会，因为这项决策对我意义非凡，应该讲是我人生的重大决策，刚好当年奥运会在中国北京举行，我开玩笑说，请把聘用合同开始的日期推后两天，我少挣两天工资，但方便记忆和纪念，于是我的正式合同起始于 2008 年 8 月 8 日，也即北京奥运会开幕日。在中国文化下，这是一个很吉祥的日子。

其实，在董事会正式决策前，我已经开始布局西浦发展。首先，我需要在西交大选择负责学生工作的副校长人选，因为时任副校长吴洪才教授按西交大管理体系，已到退休年龄。我找到时任西交大就业处处长的杨民助教授（图 3.2）处长，他曾是我在西交大管理学院当院长时的院长助理，本计划培养其为管院院长接班人，但后因其专注于别的事情，未果。但以我对他的理解，及其个性和在西交大工作的经验，由他负责西浦学生工作以及信息服务业务，应该是一个不错的人选。因为当时西浦很小，其未来很难预见，应该讲这样的选择有较大风险。经过一段时间交流，杨民助决定接受我的邀请，我又做了西交大的工作，领导也同意推荐他。于是我请杨校长以帮助西浦招生的名义，于 2008 年 5 月就赴苏州，了解情况，参与招生宣传，并做相应的准备。后来董事会通过了我对杨民助的提名，我与杨副校长再度合作，携手共度了西浦快速发展的 10 年。

"In this place of wonder we bring out the best in our students."

"汇聚灵秀铸西浦,育得青苗成栋梁。"

Professor Minzhu Yang
杨民助 教授

Board Member and Vice President, XJTLU
西交利物浦大学董事,副校长

图 3.2

事情的发展永远会有不意的插曲、故事。8月我开始了在西浦的再创业之旅后，因为我在西交大职务还没有辞掉，所以曾有人向教育部反映说，西交大席酉民副校长在西浦兼职拿高薪。当时教育部纪检部门让我说明情况，我找到西交大王建华书记，说目前的这种安排是学校常委会决策的，现在居然还有这样的指责。其实，按照西交大党委决定，我从8月起到西浦任职，会依相关安排在年底退还西交大所发的工资，这样的举报要么对实际情况不明，要么是别有心机。王书记让我按照学校的决策给教育部纪检部门做了说明。这时，我已全力以赴地投入西浦的战略研究和日常操作中。

直到2008年11月，中组部一位副局长和教育部人事司司长及一位处长到西交大和我谈话。记得我一进门，中组部副局长说，你就是席酉民？头发都白了。我是一个爱开玩笑的人，常在一些重要场合以玩笑制造轻松气氛。于是我说，你们管的干部不敢白头，他道："怎么说？"我回答道，因为我们的习惯是与领导保持一致，因为我们国家领导人头发都是黑的，所以各级干部头发基本上都保持黑色。另外，在中国，干部很难决定不染发了而一夜白了头，如刚上任一夜白了头，大家会说这个人能力太差了，就这点事刚上任就愁白了头；如果在任上一夜白了头，大家一定会猜说，出事了，你看他一夜白了头；如果是刚下台一夜白了头，大家会说你看这人太没出息了，一卸任一夜间就白了头。在场的人都乐了。然后，中组部副局长对我说，如果大家选择你继续留在西交大，你愿意留下来吗？我说我还是去西浦这个小学校尝试一下，理由是：①西浦是一个国际化的大学，可以全球整合资源，而且舞台也是国际化的，有很大空间可以尝试新东西；②西浦是国际化办学，市场化运营机制，这样利于教育探索；③也是最关键的一点，因为互联网和一系列颠覆性教育技术，全球面临教育反思、教学重塑和再定义大学的千载难逢的机会。尽管西浦当时很小，没有人看好它，但我觉得这个机会给了西浦与世界一流大学站在同一起跑线上进行教育探索的难得契机，而且西浦还有后发优势，没有历史包袱，一张白纸好绘宏图，因此只要我们努力、创新、大胆前行，就有可能影响中国教育改革甚至世界高等教育发展。中组部干部显然被我的理想所打动，说我们没有意见了，指指教育部人事司司长，就看你们的了。于是我顺利辞去了西交大党委常委和副校长职务，彻底加盟西浦，我的头衔前的代理（Acting）也从此去掉，为了便于西浦发展，利物浦大学也给了我利物浦大学副校长的头衔。

西浦发展早期的这段人事变化，不仅帮西浦收获了后来 10 多年的高速发展，而且也制造了中外合作的一段佳话，即外方合作大学（组织）选取了其中方合作伙伴的主要负责人作为自己的利益代表。在西浦十周年庆典时，利物浦大学副校长 Kelvin 教授撰写了《西浦的故事》（*XJTLU Story*）一书，他在文中曾指出，"利物浦大学校长 Sir Drummond 教授离任前选择席酉民教授担任西浦执行校长，是他担任校长期间的一大贡献，因为这一任命确保了西浦后来多年的奇迹般的发展。"

对我个人来说，这一选择也是我人生的战略性选择，它使我在人生中后期有机会在中国土地上创建一所国际化大学，不仅影响教育、探索管理，更使我有机会在一种全球化的环境下运行一个高度国际化的组织，使我前半生在中国本土成功的事业发展有机会拓展到国际环境，使我从中国走向更大的国际舞台。

这里值得多说几句的是，因为有 Drummond 和王建华才有了西浦，但在我到任西浦执行校长岗位后，Drummond 也正式从利物浦退休。但后来因其学术成就，他被委任为牛津大学 Balliol 学院的 Master。也因为他和 Dr. Kim（牛津之声的主任，后被聘为西浦传播学访问教授），我后来与牛津结下了不解之缘，曾多次被牛津之声采访、在牛津做报告、与牛津资深教授如 Denis Noble，商学院院长成为好朋友和学术上探究的伙伴，以及与牛津校长的深度交流、副校长们的长期友谊。也使我有机会深度理解世界上最古老和著名大学的运行机理及其存在的问题，不仅帮我更有信心率领西浦发展，还让我更清楚世界教育的状况。后来，Drummond 爵士又被任命为牛津副校长，于 2018 年初正式退休，回归故里苏格兰。我们曾有个约定，就是去苏格兰参观他家有油画家史的城堡，摸摸他引以为豪和酷爱的法拉利跑车，他曾告诉我为此爱好花费颇巨，并悄悄告诉我千万别和他夫人提及。对我来讲更有吸引力的是和他在他家旁高尔夫诞生地的圣安德鲁斯老球场一块挥杆，回忆西浦创业史、分享西浦新发展、再叙我们的合作史和独特的友谊。

第四章

扬 帆 起 航

人们经常会迷失在纷繁的现实中，拼命地拉着牛尾巴，不是不知道牵牛要牵牛鼻子，而常常是不知道牛鼻子在哪儿！因此，要学会跳出纷繁、敢于挑战世俗，在战略上，瞄准趋势，就会有方向确定和道路自信，眼前的现实，包括资源、关系、套路甚或批示虽影响行动的策略，但不应动摇方向和路线！换句话说，战略上要坚定，策略上需智慧，技术上甚至可以优柔，包括必要的、适度的折中或让步！

——席酉民

"大海啊，我知道这也是你在考验我，对你的热爱是否执着，纵然我和舢板一起，险些被暗礁撞碎，而那些凶猛的鲨鱼，又潜伏窥伺于四周，企图袭击我。但我没有气馁，继续翻身跃起，去驾驭、征服那些惊涛骇浪之马。也许胜负难以确定，但我多么痛快！因为我在你的疆域，尽情驰骋的过程里，已经享受到前所未有的，快感与乐趣！这海浪，越是到了你的近处，越是激情澎湃，又像无数的美女的横向队列，踏着情感的快节奏，向你奔来，向你扬起头，露出一张张、一张张青春的笑脸，向你举起无数的、银色的鲜花……现在我终于明白了，人们的真正的快乐之源，是什么？不仅是海边的壮景，不仅是海上的风浪的激情，更是人们迎着海风、驾驭海浪的那种智慧、勇气、豪情和胜利带来的快乐！"（佚名）

2008年8月6日董事会的正式任命，开启了我带领西浦走上快速和高质量发展的征程。11月的中组部和教育部的谈话不只是去掉了我执行校长前面"代理"二字，而是我从此可以一身轻地从体制内走进市场，全身心投入西浦和教育，更是我人生一个新的起点。10年后，不少人羡慕我这一明智的决策，并被媒体、朋友、同事不断问及，你当时是怎么想的？在后来发展遇到困难或挑战时有没有后悔？其实，我当时坚定的决策正是因为有对自己未来和当下教育的清晰认知，对自己驾驭这份有趣但充满挑战和希望的事业的自信！西浦 10 年的发展成就超越了几乎所有相关者的期待，令之惊奇。当大家感叹我 10 年前决策的明智的时候，我更享受这一奋斗过程的精彩体验，思考着未来西浦的宏伟蓝图。当然，也不乏对这 10 年努力的反思和回味！

一、利益相关者联盟

我加盟利物浦和西浦是 Drummond Bone 爵士的决策，但此时利物浦大学其实已选定他的接任者 Howard Newby 爵士（图 4.1）。所以我虽然和 Drummond 共同筹建了西浦，并以西交大的负责人身份在董事会里共同领导了西浦最初的一年多发展，但当我正式加盟西浦和改变身份后参加第一次董事会时，恰是 Drummond 离任，Howard 正式到岗。

有趣的是，在开西浦董事会时，我们习惯的是西交大和利物浦董事各坐一边。当董事会正式任命我为西浦代理执行校长后，我同时自然以职位成为利物浦方董事。西交大方朋友开玩笑说，你现在可以坐到桌子另一边去。当我从西交大一边转到利物浦一边后，利物浦方的同事则开玩笑地说，这一下我们少了半拉董事。因为，西交大党委常委会议的决策是，保留我在西交大的教授身份，换句话说，我依然是西交大正式职工，所以才有利物浦同事的玩笑。

其实，当我到任后，我被频频问及：你代表谁？西交大同事会觉得你是西交大人，你应该考虑西交大利益；利物浦朋友会觉得你是我们推荐的，合同是和我们讨论的，岗位按双方合作协议也是代表利物浦的，按理应对利物浦负责；关心西浦发展的社会人士也对这种不合中外合作套路的人事安排感到稀奇，有同样的疑惑，你到底代表谁？中国人也常说，"屁股决定脑袋"，所以大家提出这个问题非常自然。

"All staff and students, past and present, should be immensely proud of this achievement in creating a unique brand of Sino-British education, recognised around the world for its excellence in teaching and research."

"西浦过去与现在的所有教职工和学生，都应该为这一成就感到自豪——我们创造了为世界所公认的、以卓越教学和研究著称的独特中英合作教育品牌。"

Professor Sir Howard Newby
Howard Newby 教授，爵士

Former Deputy Chair of Board of Directors,
XJTLU, 2008-2014
Former Vice-Chancellor, University of Liverpool

西交利物浦大学前副董事长，2008—2014
利物浦大学前校长

图 4.1

对于我来讲，定位非常清楚，我很坦诚地告诉所有提问者，我既不代表西交大，也不代表利物浦，我只代表西浦，我的决策和工作只从西浦的发展与利益出发。这既是一种系统性思维，也是一种整体观信念，我受雇于董事会领导西浦的事业发展，我的签约单位也是西浦，所以只代表任职单位，原本天经地义。一方面，只有西浦健康发展了，才有利于所有利益相关方。如果我以某方利益为出发点，影响了西浦发展，回过头来还是会影响其利益，所以以西浦发展为终极目标会惠及所有利益相关方。另一方面，不站边也会形成一种中立的地位，作为职业经理人或职业校长，有利于建立起一种所有利益相关者联盟，以获得他们的持续支持，并保证事业健康发展，从而惠及股东和所有利益相关者。当然，这种定位还依赖于我自身的驾驭和平衡能力，更依赖于你自己的价值创造力，方能确保你以优异的成绩获得各方的认可甚至尊重。

后来在西浦的发展过程中，我和西浦都很得益于这种利益相关者联盟，特别是当遇到某种沟通障碍或挫折或各方合作或治理力量失衡时，这种利益相关者联盟有利于我们回归稳定和相对平衡，以确保西浦长期可持续发展的战略目标。对于我个人来说，我信奉的是你很难确保长期被所有人所接纳、信赖，因为各种人事变动很快，但你一定要以你的工作让别人理解你的价值和贡献，即使因个性和行为差异有些人不喜欢你，你也要让他们深深意识到放弃你对他们来说是一种损失！

二、更深层的信任

我8月正式到岗，在原来的发展基础上，加上事先安排杨民助副校长提前到苏州支持招生，录取工作圆满成功。从此以后，西浦的招生每年持续增长，并且出现了很多不合常规的现象。例如，理论上招生录取分数线应随名额快速增加或学费增长而降低，但西浦现象是招生名额增加、学费增长，录取分数线也同时提高。所以，当时一直有个笑话，就是在西浦从学费多少就可以判断这个学生是哪一年入学的或哪一个年级的。

然而，我的目标并非只是让学校迅速形成规模，而是胸怀使命，要通过在中国土地上办一所独特的国际大学和国际认可的中国大学，来影响中国的教育改革和世界的高教发展。所以，摆在我面前的任务是迅速根据国内外教育发展的现状和挑战，分析未来社会的发展趋势和人才需求，形成西浦清晰的定位和发展战略。因自己本科物理学的逻辑训练、硕士系统工程专业的整体思维以及博士阶段的管理和人文修炼，加上西交大 10 年的校领导实践、教育部战略研究基地主任的国家视野、与社会各界合作进行战略研究和管理咨询的丰富经验，组织西浦战略研究对我来说轻车熟路。我只组织了一个很小的团队，即以我为主，加上当时的财务主管陈果（Victor Chen）先生的支持，我们很快就形成了西浦定位和发展战略的基本架构，9 月给董事会做了初步汇报，得到了大家的基本认可。经过数月的反思，进一步研究和修订，于 2009 年 2 月经董事会通过，形成了保持至今的愿景和使命。

按照我的管理经验和认知，我认为西浦董事会一年开一次即可，但考虑到学校预算和学年情况，可以召开两次。但 Howard 校长当时坚持一年开四次，并告诉我你刚刚到位，我们可以多开会多研究。我心里知道，这其实是一个信任问题。我与 Drummond 校长合作数年，相互了解。但当时 Howard 校长刚到岗，与我初次合作，自然需要一个了解过程，所以我并未坚持己见。因此，2008 年 8 月初董事会开会任命我，9 月底董事会再次开会开启新的学年，2009 年 2 月再开会确定西浦发展战略，我到任的第一年，开会三次。因为我和王建华教授是同事，共事多年，相互信任且配合默契。所以，在董事会里我主要是和英方特别是 Howard 的相互磨合，几个回合下来，赢得了他的信任。随后几年，他和董事会给予了我充分的发展空间和信任，西浦也经历了一个高速健康发展时期。后来，西浦董事会也稳定到每年两次，即每年 2 月左右一次虚拟（Skype）会议，每年 7 月底一次实体会议，并与每年毕业典礼和学位授予相结合。

值得一提的是，从开始筹办到 2018 年 7 月，一直参与西浦发展的利物浦方的 Patrick Hackett 先生，在 Drummond 时代，他刚加入利物浦，并在西浦筹建初期成为参与者，后成为利物浦大学 COO、西浦董事会成员，是利物浦方西浦事务的主要决策者之一。在 Howard 时代，他的岗位得以延续，而且后来荣升为常务副校长（DVC）至 2018 年 7 月。可以说，我和他的合作与相互信任在某种意义上对西浦发展有决定性的影响。幸运的是，我们 10 多年的合作非常友好和协调，虽然在后来的治理失衡期我对他的一些做法有不同意见，甚至有过一次较为严重的反击，但他过去 10 多年扮演了一个重要角色，可以说是西浦稳定发展的重要治理因素之一。2018 年 7 月他离开了利物浦，9 月以 COO 的身份正式加盟曼彻斯特大学。记得在早年我曾经给他讲过我创立的和谐管理理论及在大学中的运用。在他告知我要离开利物浦去曼彻斯特的信中，他还提到，在我们长期合作中他从我这里学到了很多，并将用在他的新岗位中。其实，学习是相互的，我从他那里也学到了很多，特别是通过个人视角对西方、英国大学管理和人事以及文化特征的深层认知。

三、架构战略

回过头来看，我加盟西浦初期所架构的战略为其后来高速发展铺垫了基础，加上随后的有效运行，保证了战略的顺利实施，实现了高等教育史上一所国际大学从无到有再到大规模高质量发展的"奇迹"。

陈果先生是劳瑞德通过猎头为利物浦推荐的第二任财务总监，有趣的是在我加入西浦前，劳瑞德方的朋友就邀请我一道面试他。他是毕业于 MIT 大学的 MBA 学生，有一定工作经验，且比较符合财务和行政工作特点，所以我当时支持了他的任用。等我加入西浦后，构建了学术、学生、信息和行政 4 个服务中心无缝连接的大学运行平台，以变革世界流行的大学层级式官僚行政体系，提升知识工作者和知识组织的效率，从实践上探讨未来大学的运行方式，从理论上回应德鲁克先生指出的"21世纪人类面临的管理挑战是如何提升知识工作者和知识组织效率"的命题。我根据陈果的能力，建议董事会扩大其工作范围，担任包括人事、财务、校园等业务的行政中心主任 [注：随后由丁忆民博士（图4.2）接替陈果担任此角色，在学校进一步发展壮大后，经我提议，董事会批准，丁忆民博士被任命为西浦首位行政副校长]。

所以，我到任后，他就成为我战略研究和制定的主要帮手。在他的帮助下，我们在2008年下半年形成了西浦的定位、发展战略、阶段目标、各阶段关键任务和标志性成果等框架结构，得到了董事会的基本肯定。在进一步完善和丰富后，于2009年初，经过董事会讨论决定，便形成了沿用至今的西浦发展愿景：研究导向、独具特色、世界认可的中国大学和中国土地上的国际大学。确立了西浦发展的使命：培养具有国际视野和竞争力的高级技术和管理人才；积极为经济和社会发展提供科技和管理服务；在人类面临严重生存挑战的领域有特色地开展研究；探索高等教育新模式，影响中国甚至世界的教育发展。

我们清晰地认识到，在这个教育反思、教学重塑、大学再定义的时代，西浦遇到了千载难逢的与国际一流大学站在同一起跑线上一道探索教育的机会，而且具有后发优势，既可以汲取前人的经验和教训，又无历史包袱，还拥有国际舞台和可以全球整合教育资源的有利条件，特别是可以借助当代中国在世界上的影响和地位快速提升的难得机遇，所以我们大胆地确立了西浦的发展战略逻辑：不简单拷贝西方或中国文化及教育模式，而是根据世界发展趋势和未来社会需求，研究能够应对日益复杂多变、数字化和全球化的未来世界的人才特点，综合借鉴多元文化、智慧及优秀的教育范例，期望重新定义教育的未来和未来的大学。并明确在四个方面将大胆开展探索：①整合东西方教育最优实践探索适合未来趋势和人才需求的教育理念与办学模式；②探索网络化和国际化背景下适合知识组织和知识工作者的大学运行方式和组织架构以及管理模式；③探索现代环境下大学与社会的互动关系；④利用以上三个方面的探索以及国内外教育的理论研究和最优实践总结，影响中国教育改革和国际教育发展。

"Cultivate XJTLU character and grow XJTLU confidence."

"铸西浦精神，就西浦自信。"

Dr Yimin Ding
丁忆民 博士

Vice President, XJTLU
西交利物浦大学副校长

图 4.2

这些定位和目标当时很多人要么不解，要么觉得有点过于猖狂或痴人说梦，认为只要能好好学习国外经验，把利物浦大学模式移植过来就很不错了。但我认为，在全球教育重塑的关键时刻，即使是世界上最先进的教育也需变革，如果我们定位为简单拷贝，一起步在战略上就落后了，因为我们拷贝的是一个需要改造的教育。如若我们定位于根据未来社会发展趋势和需求探索与创造新的教育，尽管可能会面临挑战，但如果策略正确，就有可能获得突破或走出一条新路。这也符合我的性格和加盟西浦的初衷，并且我对自己的领导和管理能力有自信，决心坚持要走这条充满荆棘的探索之路。为此，我积极地、智慧地寻求两个合作母校、董事会以及包括上级主管部门、地方政府、学生和家长、同行等各方利益相关者，甚至是社会舆论的认可和支持，为西浦大胆探索创造必要的条件和营造良好的氛围。

　　当然，各种新探索要取得成功，只有决心和勇气是远远不够的，更需要多个方面的因素：一是要符合社会发展趋势和需求，顺应事物发展规律；二是要定位恰当和准确；三是要有适合的理论和方式；四是要有或能争取到相应的资源；五是有能力和乐于持续坚守。在很多人都不看好的情况下，我们经过多年的努力，特别是创新性地大胆实践，给大家了一个惊奇，帮西浦走出了一条超乎所有人意料的发展道路。

　　首先，教育上我们在一流大学重视研究、轻视教育的环境下，真正坚守以学生为中心办学，把学生健康发展作为办学的根本目的，视学生为年轻的成人，培养他们独立精神和责任意识，帮学生实现三个维度九个方面的转变，即从孩子到年轻成人再到世界公民的转变，从被动学习到主动学习再到研究导向型学习的转变，从盲目学习到兴趣导向再到关注人生规划的转变。在初期，西浦学生虽然入学时按高考成绩尚未达到985、211大学的水准，但经过几年在西浦的学习，毕业时他们完全可以与世界名校学生同台较量，每年西浦毕业生的就业分析报告都会引来社会各界的一片叫好，西浦毕业生在世界各地各行业的优秀表现获得广泛认可和赞誉。其实，内心来讲，我们对西浦学生在国际上的较强竞争力有充分的自信，因为在办学策略和育人模式的确定过程，我们对西浦学生日后事业发展的相对竞争优势有理论上的基本分析：①西浦的年轻成人概念和研究导向型教育使西浦学生独立精神和综合能力得到充分提升；②中国教育模式中重基础的优点在西浦被主动式和研究导向型教育进一步得以放大，可以帮学生们建立更扎实的基础；③西浦国际化的教育环境不仅使西浦学生的英语水准得以大幅度提高，而且培养了他们的国际视野和适应性；④中国学生的勤奋在西浦的自主学习和自我管理平台上得以强化和释放。因此，从理论上说，西浦学生与国内其他大学的同辈比较至少具有综合能力强和英语及国际视野强两大优势，与国际大学同辈比则有基础厚和勤奋两个优点。按持续深造和就业结果统计，西浦学生也明显更加优秀，让社会对西浦教育刮目相看。可以说，在大学备受诟病的当代，西浦因顺应了社会回归大学本质的呼声，从而赢得了真教育的口碑。在这个过程中，我们发展出将学生从"一般"孩子培养成不一般世界公民的五星育人模式，明确了学生五星素养体系、五星知识体系、五星能力体系，构建了西浦五星教育战略和五星支撑系统；在中国应试教育饱受批判的浪潮中，西浦积极倡导研究导向型教育模式；在社会抱怨年轻一代是永远长不大的孩子和巨婴时，我们视学生为"年轻的成人"的理念，构建学生自治、学校提供指导和服务的模式，以及创立了同辈计划、学术顾问、发展导师和校外导师等支撑体系，全方位促进西浦学子快速成长；等等。师生的杰出表现和学校的快速高水平发展，引起了社会各界的广泛关注、认可和赞誉，关注教育变革的人普遍认为西浦成功经验不同凡响。

其次，在大学管理体系上，我深知当下大学校内的官僚体系、行政化及其低效。管理大师德鲁克先生在20世纪曾指出，留给21世纪的管理挑战是如何改进知识组织和知识工作者的效率。大学是典型的知识组织，其教职员工和学生是典型的知识工作者。但在理论上并未得到学术界的认真研究，更不用说解决大学组织管理的效率问题。作为有着丰富管理体验的国立大学曾经的校领导和管理教授的背景，我试图以西浦为案例进行一场管理实验。所以，在西浦我坚决放弃了高校惯用的层级式官僚体系，试图建立一种扁平化的网络式服务平台，支持师生自由和友好合作地开展学术活动。这种探索对于擅长基于韦伯的层级结构和泰勒的专业管理体系和文化的西方管理者来说也是巨大的挑战，一是他们非常在意清晰的层级式领导关系，二是希望有非常明确的岗位职责，加上大部分学术管理者缺乏甚或不屑接受必要的管理学习或训练，基本上是按照自己的学习或从教体验甚或被管理的经验从事学术领导和管理工作。但这对快速变化的世界以及极富创新特色的大学来说很不适合。我所倡导的网络式组织以建立友好和无缝链接的支撑平台为基础，强调个人角色和主动性以及创造性，重视根据愿景和使命灵活合作。为此，我们要突破传统的行为习惯和文化，探索恰当的将正式组织权力体系的效率和网络组织的灵活性、创造性有机结合的方式。所以员工培训、组织学习、文化塑造成为关键。经过数年的磨合、努力，西浦终于初步形成一种扁平化的、网络式的组织架构和合作有效的运行模式。在这种组织架构、运行模式、行为范式、文化塑造的过程中，我们将我和团队研究发展起来的和谐管理理论作为西浦的管理哲学与方法论，提出了西浦的 MBAR2 五种管理技术，即 MBO（目标管理法）、BCO（基于预算约束的运行法）、ABC（ABC 分析法、ABC 角色互补、基于活动的成本分析法）、RBM（基于结果管理法）、RCM（日常式案例研讨会法）；形成了 TIPSH2 五种行为模式，即 teamwork（团队合作）、innovation（创新）、profession（职业精神）、sincere（真诚）、hospitality（友好）、happy（开心）；孕育了西浦文化的五种核心价值观 DRIFT，即 diversity（多元）、regulation（规则）、innovation（创新）、freedom（自由）、trust（信任）。

再次，在大学与社会互动合作方面，我们的理念是大学是社会生态系统的一部分，大学的价值是对社会产生尽可能大的积极影响，如通过教育一代一代人影响社会进步，通过研发提升人类生存能力，通过新文化的提倡影响社会文明。要达此目标，大学必须在静心教育和加强研究的同时，融入社会生态系统，如了解社会需求和发展趋势，强化与社会的互动及合作，发挥大学的催化剂作用，撬动社会资源和发展，以释放和发挥大学更广泛、更积极的影响作用。因此,西浦突破了国内大学高大围墙的物理形态,建设了开放式的校园,利用学校的资源和国内外知识网络与社会共享和互动。在构筑这种生态系统时,更重要的是要解除心理上的围墙,为此西浦试图营造三个层级的生态系统,即物理生态、知识生态和社会生态。换句话说,除开放式的校园外,在校园设计和建设上要形成一种利于教育、科研和社会服务的基础设施和校园环境。首先,在物理生态层面,我们提倡生态绿色和可持续发展,校园采用了雨水回收、地暖采集系统、环保建筑等,孕育学生可持续发展的观念;强调东西文化的尊重与融合,孕育独特的校园文化氛围,如在校园设计和建设上,北校园体现西方重规则、强科学的逻辑,所有建筑都以方块和直线条构成。南校区则体现东方文化的灵活与和谐,整体上形成共享的社区概念。南北校区通过创意通道相连接,形成一种东西对话与融合的氛围。在校园每个角落和重要建筑及雕塑处,都有故事,可通过扫二维码阅读。为了便于学术交流和思想碰撞,教室、图书馆、公共学习空间都以比较容易进行团队活动的方式设计和布置,鼓励交流、对话、合作;其次,在知识生态营造上,我们重视大学如何产生新知、分享知识、传播知识以及促进思想碰撞和创新创造,为此西浦组织师生和企业搞研究例会、利用学校条件和资源举办或合作举办很多社会活动等,好的生态会吸引各类资源聚集,以形成共生互赢环境,进而促进创新和发现新知以及更广泛的知识分享;第三层是融入社会生态,即大学就是社会系统的一个子系统,以其智力资源和研究网络与社会各界互动与合作,从而发挥一种类似于媒介的作用,因其发酵而撬动社会生态,从而创造更大的价值和释放更深远的影响。

最后,为了影响中国教育改革和世界教育的发展,我们与国家教育行政学院合作,于2013年专门成立了"领导与教育前沿研究院(ILEAD)"。旨在针对当前中国乃至世界教育面临的严重挑战,在领导力和教育领域开展有特色、高水平的研究,通过教育管理硕士和博士学位项目、学生学习研究与支持、教师发展支持等,推动西浦在教育改革方面的探索和实践;

并通过教育从业者专业能力和领导力研修、教育创新全球社群运作、教育变革与创新竞赛、未来大学探索学术活动等推动中国教育改革和世界教育发展。

ILEAD 的成立将促使西浦成为中国土地上最国际化、最全面、最大的促进教育创新和变革发展的平台。目前，ILEAD 共有七个方面的业务：一是开展前沿的领导与教育的跨学科研究，包括未来大学及教育管理（教育领导力、教育变革、教育国际化以及大学治理）等方面。试图通过理论上的创新，对中国和世界的教育实践有所启发。二是打造教育创新的全球化社群。通过举办教育创新社群活动，聚集对教育改革创新感兴趣、有想法和肯实践的人士，凝聚变革共识，探讨变革路径，分享变革经验，达成变革合作。三是通过研修与咨询提升教育从业者的专业性和领导力，为推动教育改革和发展培育生力军。例如，通过一系列的教育领导力提升项目，帮助高校推进教育教学改革创新，构建"以学生为中心"的育人体系，提升学生的知识、能力和素养。目前已有 11 类教育从业者培训项目，包括教育领导力卓越计划、任课教师研究导向型教学研修项目、高校教学管理研修项目、高校学生工作研修项目、中外合作办学可持续性发展研修项目、高校任课教师教学专业能力发展项目、大学英语教师学术英语教学研修项目、双语教学研修项目，以及针对基础教育从业者的中小学校长领导力发展项目、基础教育国际化研修项目、基础教育英语教师培训项目等。四是通过评估促进教育机构和个人的认知和发展。现在主要有"以学生为中心"的高校育人质量评估和中小学校长领导力评估体系两个评估项目。五是促进学生的研究导向型学习，鼓励学生采用"研究导向型"的学习方式，以有趣的问题驱动，启迪学生的好奇心以释放其学习动力和潜力，训练其批判性思维以激发其创造力，丰富他们的综合技能，并建立终身的自主学习能力，特别是有目的地帮学生提升整合东西方智慧的复杂心智（complexity mindset）。六是教育管理学位项目。包括西浦探索未来教育的新型行业企业定制培养项目（Industry and Enterprise Tailed Education），全球教育和语言教育硕士项目，和教育管理的博士学位项目。

七是提供互联网时代智能化学习解决方案。通过专门的教育技术开发和支持团队，提升教育新技术在西浦的使用和帮助教师把这些技术融入他们的教学中。

自 2013 年成立至今，ILEAD 已经发展成为国内教育创新的重要推动者，影响力遍布全国。截至 2018 年 7 月，共有超过 300 所院校的 4 000 多人深度参与 ILEAD 各类培训项目；为 40 多所高校定制管理团队和教职员工培训项目；连续 8 年举办教育领导力卓越计划，共有 87 所高校的 231 名管理者参与。还创建了"西浦全国大学教学创新大赛"品牌，每年活动有百万多社会各界人士关注和参与。另外还有高等教育创新年会，以及每年在全国 3～5 个城市举办的各类研讨会。于 2018 年 10 月又发起成立了高校教师发展中心可持续发展联盟，形成推进各校教学改革的平台。在研究上，ILEAD 双一流高校教学质量排名在 2018 年首次发布，引发广泛讨论，得到了教育部、各双一流高校及高教界人士的关注。

四、转制度的不稳定性为创新发展的契机

按照西交大与利物浦合作办学合同约定，西浦的学术副校长由利物浦推荐提名、董事会任命。因利物浦需授予西浦学生其大学学位，所以除利物浦和英国 QAA 的学术认证外，利物浦对西浦学术发展格外重视，在操作层面上各系会对日常的教学活动进行沟通，在学校层面还专门成立了由学校各主要部门组成的"联合协调小组"（Joint Liaison Group）负责双方的有关教学、学位、认证等活动的协商。在西浦一方，学术副校长既是全校学术活动的主要组织者，也是与利物浦方在学术方面的日常协调者。所以利物浦方对该人选非常重视，一般先由利物浦校内筛选，然后由执行校长面谈候选人并提出意见，最后提交董事会任命。

因该岗位的关键性，利物浦一直尽力选择熟悉利物浦和英式教育体系的候选人，特别是注意确保其对利物浦大学的忠诚。因此，利物浦提出了其任期一般为3年，每3年更换一次。这对我来说是巨大挑战，因为熟悉西浦运行需要半年，且每个人个性特点、管理才能、学科背景都很不相同，而且因在利物浦校内选择，候选人有限，所以会给学校发展带来极大的不稳定性，这些影响对于一个新建立的学校来说尤为严重，我也需要不断适应新的副校长并与之磨合。西浦成立以来，和我一道工作过的学术副校长已有5位：Jeremy Smith 工学教授，David Sadler（图4.3）地理学教授，Andre Brown（图4.4）建筑设计教授，Barry Godfrey（图4.5）犯罪法学教授，David Goodman（图4.6）人文学教授。

作为执行校长和管理教授，我深知这种频繁变化、学术背景和个人风格差异带来的挑战，也试图说服利物浦改变这种策略，如提前选择有潜力人选，安排在一个有挑战的岗位参与利物浦和西浦发展，如果合适，作为学术副校长候选人推荐；再如，全球招聘，在利物浦和西浦各工作一段时间，再作为学术副校长的候选人；或者直接全球招聘西浦学术副校长。遴选工作之所以没有实质性改变，我认为最主要是因为利物浦担心外选人员对利物浦的忠诚问题。其实真正的忠诚是治理结构的设计和事业发展的吸引力。直到西浦发展12年以后，利物浦方才准备使用上述第一方案作为西浦学术副校长的产生途径。在未改变之前，我在努力消除这种制度安排的不利因素的同时也积极利用其有利因素支持西浦的发展，例如3年一换，虽会产生一定不稳定性和磨合期，但也会给我和西浦带来发展的新鲜空气和创新机会。每过3年，学校肯定会有各方面大的进步，但同时也会发现许多问题或过时的做法，新学术校长的到位会利于老问题的解决、新发展的布局、新风气的提升等。可以说，在西浦10多年的成功发展中，5位学术副校长的频繁更替确实带来了一些困扰，也给我们提供了很多创新和变革的契机。这里，我应该感谢所有学术副校长为西浦发展所作出的贡献！

"International higher education opens doorways to the world."

"国际化高等教育打开了通往世界的大门。"

Professor David Sadler
苏大卫 教授

Former Vice President, XJTLU, 2010-2014
Former Pro-Vice-Chancellor, University of Liverpool

西交利物浦大学前副校长，2010—2014
利物浦大学前副校长

图 4.3

"To paraphrase Aristotle, for XJTLU, excellence is not simply an act; it has become a habit."

"借用亚里士多德的名言，对西浦来说，卓越不仅仅是一种行为，它已经成为一种习惯。"

Professor André Brown
贺安峻 教授

Former Vice President, XJTLU, 2014-2017
Former Pro-Vice-Chancellor, University of Liverpool
西交利物浦大学前副校长，2014—2017
利物浦大学前副校长

图 4.4

"True learning combines boundless curiosity with copious amounts of hard work to produce knowledge which is genuinely inspirational and benefi cial to society."

"真正的学习一定是融合了无限的好奇心和全部的努力，才能成为社会利益和精神的助推器。"

Professor Barry Godfrey
高柏睿 教授

Former Vice President, XJTLU, 2017-2017
Professor of Social Justice, University of Liverpool

西交利物浦大学前副校长，2017—2017
利物浦大学社会司法教授

图 4.5

"Only if ignorance is bliss is it folly to be wise."

"难得糊涂。"

Professor David S G Goodman
古德曼 教授

Board Monitor and Vice President, XJTLU
Pro-Vice-Chancellor, University of Liverpool
西交利物浦大学董事会监事，副校长
利物浦大学副校长

图 4.6

五、确立非营利组织地位，助推长期持续发展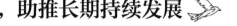

在西浦快速发展过程中，每每遇到一些朋友，他们都会提及我对西浦发展的贡献。我往往会告诉他们，有一个贡献别人不知道，但对西浦长期可持续发展至为重要。

按照中外合作办学条例，中外合作办学可以获取适度回报，如我们早期在合同中也提到双方大学的品牌费用、每年的教育资源占用费两部分。但在教育部审批过程中，因属于初期举办的中外合作独立法人实体大学，特别是第一所由两所世界名校举办的强强合作的大学，怎样举办、如何办好尚无经验，教育部非常慎重，在多轮磋商后，教育部在批文中明确提及，双方合作办学实体同意放弃合法回报。然而，在批准的西浦大学章程中仍然记载着双方可以享受的品牌使用和教育资源占用两部分各占学校收入的比重。换句话说，从法理上，西浦仍属于可获得合法回报的学校。

作为执行校长，我非常清醒，要建立一所高水平的大学，需要长期持续的投入，更不用说短期从中获利了。像西浦这样没有国家支持、靠学生学费生存的中外合作大学要建成世界高水平大学难上加难，而且我们还给西浦设立了持续创新和影响世界教育发展的使命。要保证这样宏大的愿景和使命的实现，西浦需要来自各界的关注和持续支持，特别是经济上的投入。如果西浦是一所营利性的大学，各办学主体从大学发展中谋取利润，还有谁愿意资助其发展？因此，按照董事会批准的大学定位、使命和战略，法理上的非营利机构的资格对西浦长期成功发展性命攸关！但要做到这一点，所有领导者必须有教育的情怀、清醒的认知、执着的坚守！

前边曾经提到，因合作双方的国立大学身份，都无法直接投资办学，所以双方利用其他机构完成了筹办资金的注入。Laureate 作为利物浦的合作伙伴及其背后的出资人，对西浦的发展非常关注，特别是当西浦顺利起步、快速发展之时，当时 Laureate 的董事长和高级总裁们对西浦寄予厚望，无论是出自其中国战略还是全球品牌塑造，总想更多地介入西浦发展，包括在网站上把西浦纳入其发展版图，在我全职加入西浦后还积极主动想给西浦捐款1 000万美元。我刚加入西浦时，在新学期学费未到位前，就遇到无钱发工资的窘境，所以1 000万美元很有吸引力，而且捐款合同已经签订。但反思西浦战略和长期发展，我们还是婉拒了这笔捐款，并多次明确地对 Laureate 指出，在其官网上把西浦纳入其旗下是不妥的，尽管其是利物浦的合作者，但非西浦的直接举办者。这样，使西浦与这所很有影响的营利性大学保持了距离，在品牌上保护了西浦的非营利的性质和未来发展的宏伟定位。

然而，要真正使西浦非营利组织合法化，必须修改章程。双方大学领导人充分意识到非营利性质对西浦未来的决定作用，除了社会形象外，更利于管理团队与各级政府、社会各界争取支持。所以股东和董事会同意修订西浦章程，从而以法定文件确立了西浦非营利组织的地位，而且明确西浦发展将严格遵从中国非营利组织法。对于利物浦方来说，当他们知道遵从中国非营利组织法意味着一是不能从这个学校运行中拿走一英镑的利润，二是当西浦因某种原因停办后，西浦积累的所有资产将归社会教育事业所用，可想作出这个决策对他们来说无疑是一个非常大的挑战。但西浦很幸运，拥有远见卓识的股东、董事会和学校领导，我们顺利地走出了这关键的一步，为西浦宏远的发展蓝图奠定了基础。

六、发展中的有趣故事

回顾一所大学的发展，就像重述一个宏大的故事，总有些难忘的"片段"让它看起来跌宕起伏、妙趣横生。

1 网络组织与传统管理思想的冲突

我们在构建西浦网络组织的初期，确实遇到了传统的层级官僚体系文化和习惯的阻挠，甚至是信奉"科学管理"（层级与专业化分工）的同事们的不解。西浦网络组织在形态上由学术、学生、信息和行政四个服务中心构成无缝连接的平台，支撑学校运转。但只要有中心或中心中的办公室，就会很习惯地形成一个一个的领地和按正式组织制度运转的形态，这种传统的甚至是科学的安排当然可以确保效率，但面临新生事物或需要合作的项目必然会出现我们习惯的扯皮现象或低效率的从上到下的协调过程，对于处在快速多变社会的知识组织，无疑会影响其创新程度和反应速度。因此，我们除从结构上扁平化和网络化外，更重要的是推行角色、合作关系、学校文化的变革，如我们淡化正式的组织层级，强调每个岗位的角色，既确保按制度和程序完成日常和规范性的活动，又强调每个角色根据学校愿景和使命对面临的非常规或新涌现问题的创新性应对，包括主动的跨部门和层级的合作。于是，在西浦，面对一个问题，每个人都可能成为一个事务的负责者，他们可以根据需要组织不同部门人员协商解决或临时组建团队完成任务。结束后，再组织惯例性案例研讨会，总结经验，寻找不足，对正式组织或制度中不完善的地方提出补充或改进意见，对以后遇到类似事件提供预案或参考。

这种网络化组织既利用了正式组织的效率，又利用了非正式组织的灵活，特别是每个员工的主动性和集体的创造性，但其有效运转依赖于参与者对其原理的理解和针对员工的专门训练，特别是需要整个组织生态文化的孕育。在一开始，我们就遇到过一些有趣的故事。比较典型的是，学生副校长杨民助为了解决学生某个问题，邀请学术部门一位中层管理者参会研讨解决方案，后来学术副校长 Jeremy 给了该中层管理者旷工的处理，理由是在我不知道的情况下你去参加一个会议。按传统正式组织程序，这个问题的解决应该是学生副校长先与学术副校长协商，然后双方各自通知自己一方需要介入的人参会，研究解决方案，再经两个副校长认可，甚至需经过校长同意，再按层级慢慢落实。但事实上很多问题根本不需要采用如此复杂的程序，相关人士可直接面对问题迅速形成工作小组，提出解决方案，如与现行制度和政策不违背，又利于组织愿景和使命的实现，立即执行即可，必要时可通报相关部门和领导。当然，事后需要通过案例研讨会，回顾问题解决过程，不断完善正式组织体系、促进员工持续学习和提高、滋养网络组织运行的生态文化。具体到这件事，我也理解 Jeremy（工程教授）的直接反应，他的工程背景和长期西方大学的工作经历，使他非常重视层级和上下级关系，其实不少人都有这种想法，一开始无法理解或难以适应网络化的工作方式。但从理论和实践逻辑上认识其价值后，恰当的沟通和不断的培训及坚持，大家会逐步意识和体验到其显著作用和价值。西浦这些年的实践，事实上已经证明了网络组织的意义，特别是对知识组织和知识工作者有效性提升的作用。我带领的研究团队同时也在发展相应的网络组织理论。

2 持续发展的财务模型

可持续发展的决定因素很多，如未来的商业模式（Business Model，维基百科解释：A business model describes the rationale of how an organization creates, delivers, and captures value, in economic, social, cultural or other contexts. 即一个组织在特定环境中创造、提供和获得价值的原理。在中文语境下很难找到一个恰当的词汇加以概括，于是被翻译成不十分准确的"商业模式"一词，本书延续了这一用语习惯）、合理的治理结构、有效的领导团队、必要的资源等。对西浦这样的以学费为主的中外合作大学，财务模型是其中很关键的要素。当然，西浦从成立伊始就很重视财务分析和预算，我们一般分析期是20年，要确保现金流的安全。但当我们为西浦发展设定了较宏大的目标以后，研究、变革、创新等都需要更充分的资源保证。

来西浦访问的大学很多，若是校级领导带队来访，如果时间上允许，我一般都会亲自接待，一方面是提升西浦形象和影响，另一方面也是一个学习过程。记得有一次，牛津大学负责发展和财务的副校长（William）一行来访，和往常一样，我接待和介绍西浦发展，但不同的是，我几乎每说一段，他都会提问，往常半小时的介绍拖了一个多小时，他的提问包括：你怎么形成了这样的理念或模型或这样完备的体系？是从哪儿学的？还是自己搞出来的？我在一一作答的同时，开玩笑地告诉他，不要忘了，我是管理学教授，学过物理、系统工程和管理，这些训练让我以不一样的思维方式看待教育并落实在实践上。听着西浦高远的理想、宏大的布局，他很怀疑西浦财务的可持续性，非常慎重地问我，你们财务上怎么持续？这是一个经常被问及的敏感话题，我坦诚地告诉他，我们有一个五根支柱的财务模型，长期发展没有问题。他紧接着问：可否介绍一下这个财务模型？我卖了一个关子，这是我们的秘密。

以后，每次我访问牛津，他都会抽出时间与我相见，或一起吃早餐，聊聊西浦的发展，但总没有忘记五个支柱的财务模型是什么！

其实，西浦的五个支柱的财务模型也没那么神秘，作为执行校长，我必须设法带领团队为西浦建立一个可长期持续发展的财务模型。

3 牛津的特殊礼遇

在筹建西浦伊始，西交大王建华书记和我曾带领西浦筹备团队访问利物浦和英国有关高校，剑桥和牛津自然是我们的重要目标学校。特别是在牛津，会见了校领导、华人工学教授崔先生、最古老学院汉学家院长等，留下的印象是校园很古老，大学结构很复杂，几乎没人能彻底讲清楚。更深的印象是与汉学家女院长的会见，她说她先生对她很有意见，因为一周只回家一趟。她们学院为了构筑精英教育环境，要求教授们居住在学校附近，以利于与学生见面，因此她只有周末才回家。她带领我们到学院教堂参观，指着教堂墙上的一个石碑开玩笑地告诉我们，我之所以这样努力工作，就是离任后我的名字会刻到这块石碑上。

当我全职加盟西浦后曾多次到访牛津，除牛津是名校外，还因为与几位牛津教授成为好朋友，另外利物浦大学前校长 Drummond 教授后来也成了牛津 Billio 学院的院长和后来的副校长。但有一次重要的访问，是因为我发现网上牛津校长 Andrew David Hamilton 教授的一个视频，他是英国人，在美国 28 年，就职于众多名校。然后回到牛津当校长，就职后的这个演讲主要谈美英名校的比较。因我对西浦未来发展寄予厚望，所以很想会会 Andrew 校长。恰好教育部组织欧洲校长论坛，在结束后我从荷兰先飞牛津，然后再到利物浦。有趣的是，因预约时间短，校长只有 10 点半到 11 点可与我会面，我一人在荷兰 Amsterdam，必须赶早班飞机，怕早上睡过头，结果几乎彻夜未能深睡。所以，我以一种很疲惫的状态到达牛津。先是与 Andrew 校长会面，畅谈愉快，半小时瞬间过去，外面的人在催校长说其他活动人员在等，但似乎校长谈兴正浓，我们一直聊了一个小时。临站起来告别时，他握着我的手说，"席校长，你很幸运，你有一张白纸好绘宏图，而我必须在夹缝中艰难挣扎。"然后，Drummond 院长给我介绍了 Billio 学院并陪我参观学院的设施，后来我多次下榻在院长官邸。

午餐后，我做了教育变革及西浦探索的演讲，20 多位各领域资深教授出席并研讨，大家对西浦很感兴趣，特别是对我们的探索思路和实践给予赞赏。从出席者的背景和提问、特别是带有个性的长发或装扮，我对传说中的牛津教授的学术自由和擅长哲学性深度思考有了现场的直觉感知。演讲和讨论后的接待会（reception）出乎我的意料，他们专门邀请了一位老先生在一旁演唱和弹奏，大家喝酒漫聊。再后来，Drummond 院长陪我去另外一个学院出席学校另一个 Reception，并把我介绍给其他三四位副校长。朋友后来告诉我，给你在牛津这样的安排是很高的礼遇！

更令我常回忆起的是晚上牛津范儿的晚宴，Drummond 院长做东，几位资深教授一起吃饭喝酒畅聊，从教育到哲学再到社会，好几个小时，我深刻体会到很多学问或思想可能就是孕育于这样的场景，难怪牛津到处都是酒吧，这其中不乏大学的文化和学术的延伸，包括我后来参加的牛津非常有名的公开论坛等。这些经历也启示我对大学有了更丰富的认识，大学学习不只是上课，学生在大学走一遭，是大学的氛围熏陶和教育支持造就了他们，使他们认知世界、形成梦想、铸就追梦的翅膀。所以大学氛围和文化以及各种支持师生学习、研究、生活的活动安排和条件对实现大学价值不可或缺。当一些家长抱怨学生社团太多影响学习时，我就问他们，什么是学习？有些家长说是上课。我告诉他们，如果狭义理解学习，将会影响学生在大学的真正成长！

后来，Andrew 校长和其他副校长也多次到访西浦，我们的交流和合作一直在延续。2017 年，Andrew 校长离任牛津，回到美国成为纽约大学的校长。但牛津在苏州工业园区研究中心的合作在 Drummond 院长和副校长的力促下、在 Andrew 校长的支持下，经过数年努力，依然在艰难的跋涉中。我个人认为，一是因为其内部复杂的决策程序和制衡关系，二是其商业模式的可持续性很值得反思！

4 欧洲校长论坛的明星与国际舞台上的自信

在西浦发展取得重大进展后，我有意识主动参加了教育部组织的一些国际校长论坛，以进一步了解国际教育形势，学习他人经验，提升西浦发展。

印象比较深的有几次，一次是在西班牙，中西校长论坛是胡锦涛访西的预热活动之一，有六七十位校长与会，我有幸受邀做大会报告。因为我的管理教授训练和中外合作办学的大胆试验，我的演讲备受欢迎。下场后被众多西班牙校长围住，他们进一步询问或寻求合作。我们同行的校长开玩笑说你今天成了明星。其实，我以前在西交大当校领导时，也参加一些重要的国际学术活动，有时也会受到关注或委以重任。例如，受美国政府邀请，我曾以团长身份带领中国人文政治教授代表团访美 20 多天。但当我以西浦身份参加这次活动时，我的名字永远是最后几个，因为前边副部级大学领导很多。我之所以冒出来，可能是我沿途闲聊时流露出来的犀利观点和西浦的独特身份。更有传奇色彩的是，当我们访问快结束时，因冰岛火山喷发，火山灰阻滞了航线，我们无法按时回国，也不知道什么时候可以起飞。因该代表团重要人物较多，据说教育部、人事部专门交代大使馆好好接待和安排。所以，我们白天有幸看了西班牙好几处世界文化遗产，晚上还应邀赴大使官邸吃饭。有趣的是，当时的大使是曾为外交部著名发言人的朱邦造先生。当我们抵达后，大使门口迎接。我本人因个性使然，很少关注官场礼节，很随意地就走到了前边，和朱大使聊了起来，他得知我从交大来，他说他舅舅曾是西交大副校长，原来是我很熟悉的戴景程副校长，后来受邀出任汕头大学创校校长。因而，我们相谈甚欢，等第二天照片出来后，看着我和朱大使大摇大摆地行走在前边，随后隔一定距离走着一群名校包括副部级的大学领导，我突然意识到，在中国政治社会和文化环境下，我太出"格"了！

另一次是在荷兰阿姆斯特丹举行中荷校长论坛，双方共有近百人参会，我受邀做大会发言，同样非常成功，引起关注和热议。中间茶歇时，几位荷兰校长过来和我交流。他们问我："在中国有多少校长像你这样思考问题？"我答曰："不多！"他们又问："有多少学校真的行动起来了？"我说："更少！"于是，我反问："荷兰的情况如何？"他们说："荷兰100所左右的大学，学术和应用型大体各半。面对世界快速变化的趋势和新要求，积极思考和应对的学校很少。"听到这样的回答，我一半遗憾，一半窃喜。我们在全球教育重塑的关键时刻，真有可能发挥引领作用，至少是动起来了，跑在了前面！

后来，有一位英国爵士校长因熟人介绍访问西浦。我们见面后他非常开心，告诉我："你是我见到的最不同的校长！"我问："怎么讲？"他说，他是应李克强总理邀请在京参加什么重要活动，其间访问了几所一流的中国大学。但所到之处，校长或书记都像官员，很讲排场，但言谈冠冕堂皇、空洞无物。而你亲和、敏锐，直奔教育发展挑战和探索主题，而且很有洞见。在了解和考察后，他主动告诉我，你什么时候访英？我来邀请英国教育高端智库专家、有关官员和一批教育改革者，专门安排一次闭门会议。一年多以后，在伦敦，他为我专门安排了这样一次闭门会，20多人参加，包括教育部前秘书长、前香港总督、智库主任、经贸部负责教育交流的官员等。我主讲40分钟，按照他们的说法，然后是20多个智慧的脑袋挑战我。这次交流更增加了我对英国教育体系的了解和对西浦发展的自信。第二天，当我到达利物浦后，经贸部官员还发邮件给我，说他回去后与大家分享了我的观点，他们希望我去经贸部给他的同事做一次交流。从这些交流中，我收获的不只是对西方教育更深入的理解，也是对我们探索的自信。特别是后来，当英国科技与教育大臣带领英国大学校长代表团访问西浦，并为我们融合性教育合作签约见证，我陪他们在校园参观过程中与他分享我对英国教育的看法，除在肯定他们严密的质量控制体系的同时，提到我怀疑其过分强调学术权威设计的教育哲学在当今世界的恰当性和其烦琐的体系不利创新等问题时，大臣不动声色地告诉我，他有同感！

再后来，我有机会受教育部邀请，作为中国与欧盟合作的调优研究（tuning study）工商管理领域的首席教授，使我有机会深入欧洲大学，从大纲设计到教学过程优化的细节，对欧洲教育和国际教育实践有了更深入和具体的了解。调优研究是在欧洲博洛尼亚教育计划基础上对教育更深入地优化。欧洲各国教育体系复杂多样，博洛尼亚计划试图通过教育体系相对地规范化来促进各国之间的交流与合作，增加学生的流动性。随着该计划的深入，一些教育者进一步审视教育目标和教学过程，启动了调优研究计划，即从未来趋势、市场需求、学术规律、教育体系等多维度深入分析人才的素养体系，进而形成从幼儿园、小学、中学、大学等不同层级教育的培养目标及其素养架构（qualification framework），包括基本素养、技能和知识体系等，然后从教育产出入手，重新梳理培养目标、教学大纲、教育过程等，以改进现有教育体系。中国教育部与欧盟合作，选择了工商管理、土木工程和教育管理3个专业进行调优研究试点，分别由西交大和西浦、同济大学、北京师范大学牵头开展研究。我很荣幸被邀请作为工商管理学科中方首席教授，并选择了理工科大学、财金类大学、综合大学和中外合作大学5所不同类型大学的管理学院合作研究，通过雇主、毕业生、教授、社会、学生、家长等不同群体的抽样调查，形成了该专业培养目标的一般性素养体系和专业性素养体系，然后通过统计分析和归类，形成了各自的培养目标，并以教育产出为导向（outcome oriented）优化和修订现行教育过程。在这一历时近两年的研究中，我有机会和被称为"调优研究之父"的 Robert 教授和"调优研究之母"的 Julia 教授以及欧方若干大学教授深度合作，特别是有一次在西班牙比利宝考察时，大家一起晚宴闲叙时，我根据当时话题，进一步介绍了西浦的探索和实践，Robert 听后对着 Julia 说，看来我们在中国有竞争对手了！我从中读出的画外音是，与先进的，正在北美、非洲、亚洲等更多国家推广的调优研究相较，西浦的发展在理论上也可与之媲美，甚至在一些方面还有独特性和更贴近当代趋势之优势。

从上述一系列成功的国际交流与合作中，我不仅了解了国际最新进展，学到了经验，更重要的是进一步增强了自信，体会到我们行进在正确的道路上。

5 小荷才露尖尖角

除上述国际交流与合作的有趣故事外，我还受邀赴哈佛做了两场交流：一次是关于国际合作，一次是受福特基金会赞助邀请参加哈佛教育学院组织的国际教育论坛。每次报告后，都引起与会者极大兴趣，并对西浦探索大加赞赏。但我深知，在初期大家感兴趣之余，还在观望，看看你们到底能做些什么。特别是对那些了解中国教育和环境的教育家，因其对中国教育环境的担忧，也对我们的探索持有怀疑，后边我会提到一些例子。

然而，随着西浦快速发展和成功实践，许多人从感兴趣、怀疑逐步转变为关注和追踪。例如，数年前，吸引全球众多教育领导的走向世界（Going Global）大会在中国香港举行，有上千教育领导与会，我有幸受邀参加大会论坛，介绍西浦探索和发展。到了 2016 年，该论坛在南非举行，西浦中外合作办学的模式进一步受到关注，有两个论坛（Session）邀请利物浦大学校长 Janet 爵士和我分享西浦案例，讨论跨国合作办学和人才全球流动等话题。特别是到了 2017 年，欧洲教育论坛在利物浦举行，数千人与会，我和 Janet 爵士再次应邀出席论坛，并分享国际教育合作和交流的体验。有趣的是，碰到不少世界各地的校长或教育官员或会议组织者，他们走过来，说你们学校的名字 XJTLU 好难记，但这次我们终于记住了，因为我们在筹办中或会议资料里可以反复看到，还有一位教授风趣地对我说，你们校名跟英国名车 Jugura 很像，因为有一款车的标志是 XJL，西浦的英文缩写是 XJTLU。

从这些趣闻逸事可以体会到，西浦这所可以说还是婴儿时段的大学已逐渐进入国际视野，并日益受到关注和追捧，从今年（2018 年）西浦国际招生可略见一斑，共有 1 000 多名来自世界 70 多个国家的学生加盟西浦。

6 复杂心智的呼应

展望日益全球化的世界，无论是中国经济社会方方面面的迅速崛起，还是全球政治经济市场的跌跌宕宕，特别是"特朗普"体的扰动和已开启的中美贸易战，都让我们深刻地感受到全球互联引发的此起彼伏的种种风暴。尽管反全球化有抬头之势，但数字化、网络化却会强化全球的互联和相互制衡，人工智能、物联网会诱发各类范式革命及社会转型或重塑，异军突起的各类"独角兽"（公司）会不断掀起资本市场的巨大波澜。凡此种种，使整个世界充满了不确定性（uncertainty）、模糊性（ambiguity）、复杂性（complexity）和多变性（changeability）（简称 UACC）。不管喜欢也好，不喜欢也罢，我们都得生活在这种 UACC 的环境里。

借助 UACC 之势，大量涌现的颠覆性技术正以一种令人恐慌的姿态席卷全球，冲击着人们已有的认知模式，人们开始惊醒并自觉和不自觉地卷入已经来临的范式革命中。无论是主动投入还是被动卷入，要适应生活、工作和社会的种种变革或重塑，都需要一场心智模式（mindset）的转型，即从我们原来熟悉的相对简单和稳定时代的"心智模式"转换到能在 UACC 环境下生存的新的心智模式，可称之为"复杂心智"（complexity mindset）。

"心智模式"是指深植我们心中关于自己、别人、组织及周围世界"构成要素、基础结构、运行模式"等方面的假定和猜想，深受习惯思维、定式思维、已有知识的局限。心智模式对每个人的行为方式、观察事情的角度和看法、思维模式有深刻影响，它会惯性地让我们将自己的推论视为事实，从而影响我们行为的结果，并不断强化。不同的制度环境和文化基础也会影响心智模式的形成，如东西方人会有明显的心智模式差异，每个人的心智模式也会不同。心智模式常是不完整的，但人们往往难以意识到其缺陷的存在，所以会深陷其中而不自知。因此，心智模式的不断升级和完善是我们更好生存与发展的基础。

UACC 环境下世界运行逻辑的改变对人类传统心智会产生巨大冲击，如我们需要从传统的关注个体转向关联互动、从强调控制转向学会适应、从重视相对确定的设计优化到关注动态的系统演化、从相对稳定到习惯变化、从客观的观察者到卷入其中的参与者，等等，人们亟待更新其认知模式，换句话说，需要构建 UACC 时代的复杂心智。

Peter Gluckman 和 Mark Hanson 送 我 一 本 他 们 的 书 *Mismatch：The lifestyle diseases timebomb*。（《错配：生活方式疾病定时炸弹》）重翻这本书，佐证和支持了心智模式转型升级的努力。从生物进化的角度，由于世界变化超越身体的自然演化，我们当下生存的世界与那个经由漫长的演化塑造了我们（或我们所适应）的世界已非常不同"（our evolution designed us for a world very different from that in which we live now）。因 此 我 们 的 身体与我们所处的世界不匹配（mismatch），所以处理现代人们所面临的问题时需要考虑这一因素！其实人们面对世界的心智模式与其所处世界的不匹配程度要比我们身体来得更大、更严峻，我们长期继承和习得的行为习惯、思维架构远远滞后于当下复杂快变的世界，因此困惑、焦虑剧增，只有快速转型和提升我们的心智模式，才能使我们更好地立足于未来世界！

西浦从建校伊始就意识到这一点，决心在全球特别是教育重塑的时代，根据未来发展、整合人类智慧和东西方最优实践，探索未来的教育体系，以影响中国和世界的教育发展，培育具有复杂心智的世界公民，从而适应和引领未来世界。尽管准确把握复杂心智很难，但如果我们能将西方重制度、逻辑、科学的心智特点与东方擅长艺术及模糊和不确定性应对的优势相结合，并能针对未来世界趋势加以融合和再造，那么我们无论走到哪里或与什么样的人竞争与合作，我们都会有相对优势。基于这样的逻辑，西浦做了大量的教育变革和尝试。

我的朋友牛津大学 Said 商学院前院长 Colin Mayer 教授送我了一本他以 30 年研究积累写成的著作 *Firm Commitment*（《企业承诺》），有趣的是从中也可以看到这种心智模式的影子。大家知道，公司被制造出来后其价值和治理本身在不断的演化中，从传统的降低交易成本、规模效益和契约关系的认知，到后来社会责任、社会企业家、利益相关者价值的倡导，目的是使企业更可靠和值得信赖。遗憾的是，许多公司或事业无论私立还是公立都缺乏长期的承诺，社会的投机心理和行为泛滥也在助长这类"短视"公司的大量涌现，如很多超高息理财项目和公司甚或披着 PPP 外衣的融资平台，并无长期可持续发展的产业可依赖，但这种近似庞氏骗局的活动却"经久不衰"，一旦遇到国内外经济局势恶化或监管加强，其倒闭或跑路在所难免！Mayer 教授试图通过伦理、承诺及其治理设计重塑公司信任，他用大脑两个半球互动类比正式法制与道德补偿，通过精细机制设置保障公司的承诺和提升信任，这非常类似于我们提出的和谐管理理论的哲学和方法论，他也在多年前专门与我对话和谐管理，并发表于《牛津之声》（*Voice from Oxford*）。人类不得不依赖已经建立起来的市场、公司、政府干预体系，但公司本身潜在的问题和三者相互制衡的缺陷依然是摆在人类面前需要持续改进的任务，Mayer 的论述以及和谐管理理论是可借用的理论工具！

在我访问牛津与 Denies Noble 教授交流时，似乎又找到一个科学领域的知音。Denies 是牛津大学著名生物学教授，他以其杰作《生命乐章》（*The Music of Life*）反思生物学发展，试图从系统角度重塑人们对生命的心智（mindset）。有一次访问牛津，他邀请我到家里共进晚餐，当时他太太住院，他从医院赶回来，当我和老先生相聚在他家后花园时，方体会到老先生的用意。他不大的花园，分为两半，分别为东、西方风格，中间一条走道，由弓形植物连接，地上有四块石头，分别写了春、夏、秋、冬四个字。我每次到牛津，必与老先生相聚，畅谈系统思维和东方智慧，他举办的《牛津之声》也曾采访过我数次。我们之所以相谈甚欢，主要还是因为我们在世界观和方法论上有共鸣。他后花园的布局其实是其心智的一种隐喻，他认为解析的生物科学尽管可以从基因上找到疾病的原因，但却无法返回来形成有效的治愈方法，原因是在解析的过程中失去了很多信息。他认为出路是东方的整体哲学，但问题是其过于笼统。他觉得日本人对中医药的科学研究，揭示了不少中医药背后的机理，如提炼了100多种药素，这有助于架起西方科学解析与东方整体思维的桥梁，给未来疾病治疗的升级和突破带来曙光！这也与和谐管理理论的基本逻辑不谋而合，其中、西、日医学整合的思考在哲学和方法论上与和谐管理的原理相似。

　　虽然现在具体定义"复杂心智"很难，但至少我们可以有一些方向性的建议，帮人们去体悟和培育"复杂心智"：①培养"动态演化的系统观"，系统地、动态地看待面临的问题及其环境和发展趋势，学会在纷繁杂乱的信息、知识、时尚迎面扑来时，适时捕捉有意义的变化、有价值的趋势，围绕自己的人生目标和定位动态地调整自己的策略。②构建既见树木又见森林的东西融合的系统整体观。强调"系统"，是因为在演化中"系统适应优于局部适应"。在复杂世界里，单向或片面的思维会使人沦为幼稚甚或陷入死胡同，多维的、系统的、立体的思维习惯和分析能力会帮人们更接近事物的真谛，有过人的视野和智慧。③训练愿景使命导向下势与拐点的把握力及资源整合力。UACC最大的挑战是人们被各种杂乱无章、似是而非的信息、眼花缭乱的时尚所左右和吸引，从而失去方向和自我，因此成功的事业和幸福的人生需要随时保持战略的清晰，特别是对趋势的洞见和对突变或转向的敏锐。另外，UACC时代的知识、资源、需求都是碎片的，谁有能力通过网络整合之并创造和分享其价值，谁将有竞争力屹立于这个时代。④强化共生系统的建构能力。网络时代为自组织空间、平台、生态系统的营造创造了条件，其价值创造的逻辑是共生，通过资源共享、相互碰撞，刺激创新和创造价值，然后通过网络分享价值，因此这种共生系统的营造能力和多元共生的动态平衡能力，将打破传统的组织边界和商业模式，促进实体和虚拟协作，迅速扩大事业空间，若再长于多元共生的动态驾驭，将会成为人生和事业发展的利器。⑤孕育、保护和促进边缘创新（edge innovation）的能力。未来发展不在于你会什么，更在于你创造了什么有社会价值的不同，正如凯文·凯利先生所强调的，颠覆性的技术通常都是从边缘、从外面引申而来的。简言之，上述模式可概括为：演化观 - 系统观；方向感；建构共生系统；整合力 - 平衡力 - 边缘创新力！

持续深入研究的感悟、不同领域学者的交流体会、领导管理实践的反思，使我越来越意识到，人类应对未来世界需要一种全新的心智及哲学和理论。其实，上述思维或心智框架或许可以追溯到我在 30 年前发展的"和谐理论"，以及后来与我们研究团队将其丰富拓展为"和谐管理理论"的研究过程，当时基于东西方人类智慧整合，将科学的设计与人的整体能动性通过围绕愿景或使命的一系列主题进行耦合，从而形成应对复杂和不确定环境的问题解决学。因为我的持续研究和长期管理及领导实践得益于该理论，也将其作为西浦发展的哲学和方法论，帮助西浦走出一条快速的发展之路。令人欣慰的是，我的心智模式也随着西浦的成长而不断升级，在西浦开启其 2.0 版本之际，借 2018 年毕业典礼演讲，我阐述了复杂心智的重要性，并罗列了一些关键要素。利用教师节寄语，我更进一步，应用和谐管理原理提出了复杂心智的一种模型——"和谐心智"（详见第八章）！我认为，如果能将心智模式升级到和谐心智，一定会助力我们驰骋于未来！

7 与大教育家的碰撞

在西浦发展初期，我接待了联合国教科文组织安排的波士顿著名教育专家阿特巴赫（P. Altbach）教授访问西浦，了解中外合作办学情况。当时我们刚刚形成西浦的愿景和战略发展部署，在我介绍之后，教授对我们的思路很是赞赏，但满腹狐疑，一是在中国你能做到吗？二是你有足够的资源吗？三是作为中外合作办学，缺乏规范和持续资源支持，你怎样维持长期健康发展？我以商业模式、独特运作思维对其疑惑一一解答，虽然他觉得也有理，但仍未心服口服，最后说我们拭目以待。

巧合的是，当5年后我受福特基金会邀请赴哈佛大学参加教育论坛时再次遇到阿特巴赫教授。我除做大会报告阐述我们对教育发展趋势、教育理念变革、西浦探索和实践外，还作为论坛成员（panelist）参加讨论，阿特巴赫教授恰恰是主持人（facilitator）。在听了我的报告和讨论发言后，他知晓了西浦的新进展，回想起5年前他在西浦访问时的情景和疑惑，他不得不承认西浦的发展事实，但只是淡淡地说了句：西浦是个特例。我接着问，作为世界教育专家，在中国社会全面发展备受世界瞩目的大形势下，你如何看待中国教育的未来？他说并不看好！看着我进一步询问的眼神，他接着说道，我关注中国教育28年，发现中国教育生存环境未有根本性改变，尽管中国经济社会发生了巨变，但我对中国教育在未来大的或革命性的变化持悲观态度。坦率地讲，我知道在西方对东方特别是中国教育的兴起和对西方的挑战有乐观派和消极派两个阵营，前者以伦敦大学教育学院马金森（S. Marginson）教授和前耶鲁大学校长列文（R. Levin）为代表，后者则是以阿特巴赫教授为首。所以对其反应我有心理准备，并且在一定程度上有共鸣。当我进入西浦释放出想变革中国教育之理想，不少熟悉我的朋友或同事就坦言，你若想改变中国的教育，先要改变中国的家长。但我深知，中国家长的改变又取决于整个社会环境、文化、制度的改变，我们每个人都是环境一分子，我们既是问题的受害者，又是问题的制造者。尽管从内心我并不想接受他的判断，但对改变环境的信心在各种挫败中会不断受到蚕食。尽管如此，我们并没有放弃，而是更加努力，试图通过我们的呼唤、尝试、坚守，直面而非逃避，邀约更多人加入变革的行列，让这位悲观派教育家的预判失灵！

8 与俄罗斯教育科技部长的争执

在西浦发展早期，一次科技部万钢部长陪同俄罗斯教育科技部部长访问西浦，像往常一样，我向客人介绍了西浦发展的历史、现状，特别是西浦进行教育变革和创新大学管理体系以影响未来教育的理想。俄罗斯部长显然并未怀疑我们规划的合理性，但却对中外合作办学实现这些目标的可行性持怀疑态度。按照他的思路，履行这样伟大的使命需要很多资源，作为中外合作大学很难肩负起这样的重任。所以他先问我，有没有政府规范的支持，我说没有；接着他问，有无双方持续的大量投入，我回答同样没有。他说，那你怎么实现这样的远大理想？我讲了我们的商业模式、运行思路，他打断我，说："席校长，您能不能不要给我讲官话？"其实，我是一个非常反感讲官话和套话的人，喜欢直来直去、紧扣重点、直逼要害。我所讲的和对问题的回答非常坦诚，没有任何套话和官话。那为什么他会觉得我在说官话呢？我反思后认为，在当时那种社会情况下以及他理解的中外合作办学私立性质，可能觉得我们的规划超越现实，有点异想天开。但他忽视了要突破，必须大胆冲破世俗，而逆俗往往不为大众所理解，甚或让人们觉得要么幼稚无知、要么不知天高地厚。但岂不知，所有突破性发展都无法逃离这样的过程，如果当事人能够有足够管理智慧和能力，冲破重重阻力，这种异想天开就会有可能为人们和社会展现出一番新的天地。我们最后用行动和结果证明，我当时所言充其量算是有点狂妄，但绝非在说官话、套话！

❾ 突破要敢于特立独行

正如上述教育家的不解、保留、俄罗斯教育科技部长的质疑，要突破世俗和当下的环境或习惯的确很难。西浦是在一种多元文化环境下运行，我们奉行的有规则的多元文化相互尊重和共处，自然也很容易从不同文化中看到很多值得汲取的东西。例如，我从同事那里看到了西方较强的职业精神，也喜欢西方比较直接简单的交流文化等。所以，我试图在西浦营造一种借鉴不同文化优点的国际化校园文化，如尽量减少不必要的陪同，不开无必要的会议且尽可能提高会议效率，不断提升活动和工作效率，如活动事先安排，按约定时间活动完毕后即离开投入正常工作，尽量减少迎来送往，不准备和赠送贵重礼品，等等，我知道这要突破很多我们习以为常的传统习惯，甚至会遭遇误解，但仍不改初衷，并通过一些细节或活动努力推行。

记得一次上海市教委副主任带领几个大学校长到西浦交流，因为早上从上海过来，见面交流后恰逢午餐时间，我们外部联络官按习惯在隔壁国际会议中心专门安排午饭，我得知后，立即让工作人员取消安排，而改为汉堡、三明治、咖啡等工作午餐，并在会议室边吃边聊。为了避免误解，我专门给客人说明，我们的用意是在西浦营造一种更高效和简便的国际交流文化，当然也会省很多钱，这对西浦发展很重要。客人们自然表示理解，说我们也喜欢这样的安排，高效省时间。

还有一次，海南省政府秘书长、教育厅厅长、海南大学校长等一行访问西浦，寻求国际合作办学的经验和可行性，而且是通过教育部国际司介绍过来的。因为，交流午饭前结束，教育部介绍人员询问西浦可否安排午饭。我请我们外部联络官告诉他，非常遗憾，西浦没有这笔预算。为了缓和气氛，我让联络官打电话给海南大学校长，说我中午以朋友身份私人请他吃饭。后来是苏州市教育局请客，他们为了更深入交流，还邀请我参加他们的午宴。

在中国关系社会里，这样做似乎不近人情。但我觉得一个好的组织氛围和发展战略的落实就需要从这些细节上改变。包括后来原教育部副部长王占带领国务院参事室专家和教育部官员对西浦进行调研，我也坚持这种做法。当时也确实抽不出时间，又无法改变他们的安排，就建议以工作午餐方式接待贵宾，边交流边吃饭。这种事情看起来不大，但在当时能坚持下来并不容易。

除了这些日常活动和事务安排外，要创新和突破，独立思考、不唯上、媚上，敢于坚守己见也很重要。记得 2016 年，还是教育部原副部长王占先生带领由国务院参事室专家、有关部门领导、一些院士和大学校长组成的国家教育综合改革考察团到西浦进行调研。在听了我对西浦近 10 年发展的汇报后，大家甚为激动，觉得在中国土地上还有这样的探索，看到了改革的希望。有些院士和资深专家对我说，你们这才是干了教育家应该干的事情。这些评论使我想起来，王树国教授受命担任西交大校长后上任前到访西浦，在我陪他考察校园、介绍西浦发展情况后他对我说，老席啊，你这才是在干教育家的事啊！换句话说，很多人都知道大学该做什么，自己应该怎么做，但在世俗和环境中却被绑架了，努力地在做那些自己认为不对的事情。这也进一步证明了逆俗和突破的重要性与价值。

当大家热烈讨论后，作为团长的王部长缓缓地说，席校长，你可否进一步反思一下你们教育目标的公民定位，我们要培养红色接班人，公民提法是否恰当？热议中的大家立即安静下来，我回应道：公民应该是一个法律范畴的概念，有国家就有宪法，就有宪法保护下的公民，他们既有公民的权利，更应有公民的意识和责任。所以，我们希望西浦学生有能力、有意识肩负起公民的责任，学好本领，为社会进步文明作出自己的贡献。中国共产党以法治领导中国兴国和强国，实现让人民幸福的使命，如若能够培养出有公民意识、责任和能力的学生，就为保证党和国家长久的事业奠定了人才基础。接着介绍说，其实前些年，BBC记者采访西浦时也提出过这个疑问，年轻的记者扛着摄像机拿着话筒在西浦基础楼前的草地上问我，在中国，公民概念淡漠，你们为什么还要定位为培养世界公民？我也回答说，教育是为社会发展和进步培养人才，这些人才应有很强的公民意识和责任，有服务社会和国家的主动性与能力。为什么要加上"世界"二字？虽然公民有国家属性，但世界日益互联，特别是数字化的世界边界逐日模糊，人们将生存于同一个世界里，作为有责任和担当的公民，应维护自己的生存空间，推动世界的进步和文明。西浦希望自己的毕业生能够成长为世界玩家，闯荡全球，因此，在扮演好中华人民共和国公民的同时，在全球范围内也应有公民意识和责任。王部长看我比较坚持，说这是个理论问题，我们有机会再进一步深入探讨，我们的争论也暂时告一段落。

⑩ 西浦校徽的诞生：全球融合与时代跨越

在西浦逐步发展壮大时，有利于大学精神体现和品牌提升的校徽（Logo）设计自然进入议事日程。我在西交大时曾经设计了管理学院的Logo，为主持成立的后勤企业康桥集团设计了Logo，参与了支持建设的西交大南洋大酒店的 Logo，作为西交大城市学院创立院长，还参与设计了城市学院的 Logo 等。因而，在听取意见的基础上，我提出了西浦 Logo 设计创意和基本原理，并指导品牌与市场部的同事逐步形成了现在使用中的西浦 Logo。

西浦成立之初并无自己独立的校徽。因其由西交大和利物浦合办，并试图借鉴两校优势办出特色，所以早期西浦校徽由西交大校徽、西浦中英文名字和利物浦校徽组合而成（图 4.7）。这个校徽的特点有二：一可能是历史上罕有的含有两个独立大学校徽的校徽；二是西浦的中文名字是应当时的创始常务副校长方大庆教授之邀由当代杰出书画大师方召麐女士（已过世）在 90 岁高龄时书写。

图 4.7　西浦第一版校徽

经过 3 年探索性发展，特别是我接任执行校长后，西浦形成了清晰的发展愿景和使命，此时，西浦拥有自己的校徽已水到渠成。经过近 1 年的酝酿和设计，我们于 2009 年 11 月 14 日在西浦举行了新版校徽启用仪式暨新闻发布会（图 4.8）。教育部科技司、国际司前副司长现驻外使节陈盈晖女士、国家自然科学基金委员会管理学部前常务副主任陈晓田、航空航天部著名系统科学家于景元，来自北京大学、清华大学、浙江大学、上海交大、西安交大、华南师范大学、浙江工商大学、山东大学威海分校、苏州大学等大学的嘉宾以及中新社、人民网、扬子晚报、苏州日报、苏州电视台等新闻媒体，西浦时任学术副校长 Jeremy Smith 教授及同事共同见证了西浦发展的这一历史性时刻。

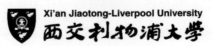

图 4.8　西浦现版校徽

我当时的现场解读是，西浦校徽的设计思路出自我对西浦的理解和展望，也一定程度上反映了我寄托在西浦身上的教育理想。新版校徽设计分为三个版本：一是由两部分组成的盾形版，大师方召麐女士书写的中文大学校名和英文名称作为可分离的盾形头部，盾形底部是未来可独立运用的西浦校徽。在西浦校徽广为人知之前，以头部文字方式让人联想记忆底部的西浦校徽。二是上述校徽底部的盾形，可作为未来独立使用的校徽，借用了利物浦大学校徽的盾形轮廓，盾形是国际流行的大学校徽形状，以代表西浦的国际化特征；保留了利物浦城市象征的 3 只利物鸟（Liver bird），代表母校利物浦大学与利物浦城市的悠久传统；中心嵌入西交大校徽，整体布局表明西浦由西交大和利物浦在中国设立，示意"工程教育、工读并重"的西交大齿轮状校徽，不仅寓意西浦将继承作为中国一流大学的西交大母校的百年历史和理工特色，而且西浦也是以理工管起步立校；中心齿轮以打开的书籍支撑，继承了利物浦校徽中的书籍因素，传承了知识照亮道路的含义，又将书打开，让人联想到大写的英文字体 M，寓意管理（management），既象征其创立学科除齿轮代表的理工外，还包括管理，更预示管理是大学创立和发展之基础，以及西浦在高等教育管理上的探索和追求；校徽标准色借用利物浦校徽专用的蓝色，即利物浦蓝。同时蓝色也象征理性、代表科技、寓意深远、面向未来。三是盾形校徽与中英文名称并列版本，以全面的姿态展现西浦，主要用于官方名称和正式标志。

新校徽形象地展示了大学的渊源，融合了两所母校的文化与传统，传达了这所国际化大学的愿景与使命，取义深远，含意显豁；新校徽整体设计上体现了西浦的特色：理工管起步、国际化、现代化、独特性、融合性，极富创新意识和开拓精神，凸显全球融合和时代跨越。

11 西浦校训的确立

当西浦步入其 8 岁时，虽然还很稚嫩，但日渐成熟，已经到了可以总结和提炼出自己校训的时候了。经过多年酝酿、研讨和网上公开征集，2014年12月12日，在西浦一年一度盛大圣诞晚会上，西浦公布了其校训："博学明道，笃行任事。"

利物浦的校训是"Fiat Lux"（拉丁语），英文可译为"Let there be light"，意指教育消除无知（Education "shedding light" on knowledge）。西交大校训是："精勤求学、敦笃励志、果毅力行、忠恕任事。"西浦校训传承了利物浦"知识照亮道路"的意境，借鉴了西交大"敦笃励志、果毅力行、忠恕任事"的精神；既向《论语·雍也》中"君子博学于文，约之以礼"、《礼记·中庸》中"博学之，审问之，慎思之，明辨之，笃行之"的中国传统文化敬礼，又强调"知行合一""勇于担当"，提倡行动的坚守、从当下点滴做起的恒心与魄力；还呼应了西浦"开心生活、成功事业"（Happy Life and Successful Career）的核心理念。西浦校训的英文版是："Light and Wings"，意即"光明利于我们高瞻远瞩"（Light to see）和"翅膀有利于我们高飞远翔"（Wings to fly），学习使人明道，教育帮人铸翅，西浦帮助学子展翅追梦。西浦校训的拉丁文版是"aethera ac lucem petimus"，意即"学习新知，展翅翱翔"。

西浦校训的诞生历经数年。最初，一些同学和家长为西浦没有校训感到遗憾，于是有了提炼西浦校训的呼声，但一直处在议论的过程中。2014年7月第五届毕业典礼时，我做了题为"愿西浦为你们插上追梦的翅膀"的致辞，随后时任副校长Andre Brown教授建议，可否利用利物浦校训中的"光明"（light）和我致辞中的"翅膀"（wings）表述西浦校训，"Light to see, Wings to fly"。我们觉得这个动议很适合西浦，于是在此基础上开始了校内外征集校训的活动，许多学生、家长、老师和社会各界人士提出了众多有建设意义的方案，大家的建议给了我们很多启迪，经过慎重思考和系统分析，最后我们确定了简洁的校训："博学明道"对应于"Light to see"，"笃行任事"与"Wings to fly"相呼应。尽管这个版本最后由我提出，实属集体智慧的结晶。我曾经还提出过一个对应英文版"Light and Wings"的更简化的

和谐心智

鲜为人知的西浦管理故事

版本："明道笃行。"

其实，我们深知，文字的优美只是便于人们欣赏和记忆，最本质的还是文字背后的意义和追求，只有校训背后的教育哲学、理念、模式深入人心，变成师生的行为和习惯，受到社会的认可和关注，长此以往就会升华成为这个大学的文化，校训才会站起来、活生生，才有可能实现其价值。

12 西浦校园：东西文化的对话

校园不只是教育与研究的硬件条件，是培养高素质创造性人才的基地，更是学校精神、教育哲学和大学文化的载体。基础设施水准、校园环境、文化氛围直接关系到人才培养的质量、学术探索的追求、学校战略目标的实现。特别是西浦想将大学从"教知识"转变为"培养人"，其校园及文化建设尤为重要。记得有位教育家似乎说过，"校园文化就像泡菜坛，有什么汁就会酿出什么菜。"然而，校园文化的形成离不开软硬件的互动融合。

很遗憾，西浦校园不是一次统一设计，分步建设，而是随学校发展分批设计和建设，因此在一定程度上有失完整性。尽管如此，我们依然试图在设计和建设理念上充分体现出西浦的办学理念和教育追求，如国际化、开放、东西文化对话和融合、生态和可持续、科学社区等。我们的目标是将西浦建成三个层级的生态系统，最终形成一个国际化的开放的科学、文化社区：首先，校园的物理环境应充分体现自然生态，如建筑、校园环境应体现出绿色和可持续发展；其次，在校园文化上应营造知识生态，便于知识的传播、探索、碰撞、创新、共享；最后是社会生态，即开放的西浦走向社会、融入世界，也欢迎社会走进西浦，以形成共生共荣的互动与共生（symbiosis）。我们希望以这样的生态校园孕育出有国际视野和竞争力的世界公民，以实现全球整合教育资源，并融入国际科学社区，从而以一流人才、研究、社会服务、文化引领、教育及其管理探索服务社会！

2002 年，工业园区计划留给西交大 1 050 亩土地发展校园，从北向南由

3块土地构成。2003年起为支持西交大苏州研究院发展，在最北边的地块上（240亩）即现在的北校区按苏州风格开始设计和建设第一栋楼，即现在的基础楼。2004年计划创建西浦，经协商给西交大苏州研究院留出60亩外，其余建设西浦一期校区，基础楼即成为西浦发展的第一栋楼，开启了早期经常被人们戏称为"一栋楼大学"的创业旅程。后来命名其为基础楼，不只是其服务于基础课教学，也暗示西浦发源于此。

2007年，学校邀请美国PERKINS+WILL公司规划和概念设计了北校区其他主要建筑，包括科学楼群（4.5万平方米）、工学楼群和商科楼群。北校区的整体格局体现了科学的规范和线条，色彩也以代表科学、理性的蓝绿为主，辅以棕红色，以对应于利物浦红砖大学的美誉。特别是在理工管楼群的广场上，特别设计和复制了利物浦校园的圆顶亭子，以突出西浦的利物浦要素。另外，为了节能、绿色和可持续发展，建筑群尽可能多地利用立体绿地、花园和瀑布，包括利用地暖、雨水回收等技术。为了体现知识生态，所有公共空间和设施都鼓励群体交流与合作。并在校园尽可能多地设立了各种各样的文化和展示长廊，包括理科楼的东方和西方文化长廊，发展了整个校园都是博物馆的理念，所到之处，都可以享受知识和文化的熏陶。为了体现社会生态，完全采用了开放式校园设计，没有围墙和大门，而且很多设施可以用于社会公益和培训活动。特别值得提及的是主楼，它是科教创新区的地标式建筑，由英国凯达环球（Aedas）建设设计咨询有限公司设计，其理念源自著名的太湖石，"谁怜骨俏质，移在太湖心。出得风波外，任他池馆深。不同花逞艳，多愧竹垂阴。一片至坚操，那忧岁月侵。"整座大楼如太湖石般切片的空间分割，象征着知识碎片的独立与整合，大楼内部通透的空间设计与使用功能紧密衔接。2014年，该楼入围被称为国际建筑界"奥斯卡"的世界建筑节（World Architecture Festival，WAF）"高等教育与研究"（Higher Education And Research）奖项评选名单。

在西浦进一步发展后，学校购买了近200亩的第二块地建设南校区，设计由英国的BDP公司承担，其理念是以建筑群围合成科学社区，将独具苏州园林要素但又含现代风格的中心多功能花园作为社区共享区，以激发位于周围建筑中人群的参与感。另外，因西浦的"五星育人模式"及许多理念和实践以"五星"来总结，我建议中心花园的小湖也设计成五角星形状，以形象地展示西浦"五星"育人理念。围绕共享花园布局的格调各异的建筑群落，会使进入者有耳目一新之感。南校区的曲线条、圆融的社区氛围体现了东方文化的韵味。

两校区由下沉式通道相连接，南北校区整体给人一种东西文化、理工与人文的对话情调，也体现了西浦办学的理念和目标。校园的两个制高点：北校区的中心楼和南校区的国际研究中心楼遥相呼应，构成了两个校区在高空的对话和衔接。

更有趣味的是南北校园通道的建设理念，起步于北校区开放式的学生创业广场，在汇集学生创业实践的同时引导学生步入南北走廊，左边（东侧）是以青砖代表中国文化，右边（西侧）是以红砖墙面（寓意红砖大学）代表西方文化，整个长廊空间留给学生社团进行创意和竞赛，因西浦有 150 多个社团和俱乐部，故简称百团大战长廊。走出长廊映入眼帘的是带有苏州园林特色的现代园林和广场，在北校区基础楼前有一组由先贤大师群雕代表的东西方哲人对话，进入南校区的右侧则有一组巨型现代不同肤色的师生群雕与之对应，寓意当代一群来自世界的有识之士在这里创造新的历史，进一步深化了东西对话和国际化的办学理念。

硬件载体没有软件的配合，只能成为一副躯壳，西浦的发展和梦想的实现，需要持续创新和长期坚守，从而释放出可见的光彩和无形的魅力与渗透力。

西浦发展过程中有趣的故事很多，这里只列举一些与管理感悟有关的与大家分享。在西浦十年校庆时，看着蓬勃发展的西浦，西浦董事会成员 Alan 再三对我说，他一定要在董事会上评说："在人类历史上，还没有一个大学可以像西浦这样，从零起步，在如此短的时间内发展到这样的规模和水平！"利物浦前首席运行官，也是在西浦筹办过程中我的主要对手 John 发自内心的感叹，西浦发展得出乎意料。更有趣的是，利物浦副校长 Kelvin 的转变。在筹办西浦伊始，他非常不看好，但因职务原因，他又是利物浦方主要负责西浦项目的领导之一。记得在我接受执行校长任命后第一次访问利物浦，方教授给我安排了详尽的日程，其中有一个与 Kelvin 的会见，但等我到会议室后，我才发现并非他一人，他邀请了与西浦发展未来合作有关的各部门负责人，在简单介绍了我以后，说你们现在有任何问题可向席教授提出。以我当时的英文水准和刚全时入职，面对这个突如其来的几十个人的挑战，先是一惊，但只能硬着头皮冲上去。虽然英文不强，但有几十年的研究和阅历，特别是筹办西浦过程中的系统思考，悉数回答了各种问题。会后方教授说很不错。我问他，你怎么没事先给我说有这个安排？他说他也不知道会是这样的见面。后来随着西浦的发展，我发现他对西浦的态度发生了根本性改变，从最初的怀疑，到最后的充分肯定。特别是在西浦发展 10 年时，这个有着文学专业背景的大教授以叙事的方法专门撰写了一部书：《西浦故事》（*XJ TLU Story*）。在书中有几句话很有意思，值得我在这关键的一章最后与大家分享。在叙述到 Drummond 退休时，他说道：Drummond 做校长最后的贡献是确保了任命席酉民教授为西浦的新执行校长（One of Drummond Bone's last achievements in office was to secure the appointment of Professor Youmin Xi as the new Executive-President of XJTLU.）。随后他接着说：已经证明，席教授的任命是西浦大胆实验转化为中国高等教育在国内国际具有重大发展的决定性因素（Professor Xi's appointment has proved the decisive factor in transforming the bold experiment of XJTLU into a nationally and internationally significant development in Chinese higher education.）。

西浦人在路上，期待着、践行着……

第五章

无 风 起 浪

困难和挑战就是为生活准备的，因此生命才得以多彩和富有趣味！

——席酉民

　　有大海，有地球，就有呼吸，就有风。风与浪是孪生姐妹。浪靠风给力，风靠浪表达深情。大海，地球的生命不会停止，心跳也不会停止，呼吸也不会停止，风浪也不会停止。对，这无穷无尽的风浪，就是大海的精气神啦。船在风浪中航行，没有风浪，怎能，"挂云帆，直济沧海"？……人在风浪中生存发展，不迎着风浪，怎能"不管风吹浪打，胜似闲庭信步"？那么多人为何来到这里？不就是要寻求，弄潮儿的那种乐吗？那么多人的脸上的，那种欢欣和满足的神情，又是从何而来？不就是因为得到了，弄潮儿的那种乐吗？（佚名）

　　任何事业的发展，都有潜在的战略风险，如商业模式、运营体系过时、核心技术被替代、治理结构失衡、遇到了很不称职的领导者、关键人事变动、社会环境剧变等。好的运气和机制可以防止或延后这些风险，但几乎无法完全排除这些风险。

　　西浦诞生一年后遇到过类似的战略风险，也造成了我全职加盟西浦的机会。快速发展 10 年之后，这样的风险又在重要人士变动和西浦成功发展导致各方平衡（包括心态）变化后悄然涌现。

一、风浪如期而至

　　2014 年，西浦时任董事长西交大党委书记，也是西浦的创始人因职务调整而离职。当时，西交大曾为继续由党委书记出任董事长还是改由校长担任有过纠结。因西浦工作语言为英文，后来西交大推荐新任校长王树国教授（图5.1）出任西浦新一届董事长。碰巧的是，在利物浦方面，Howard校长因年龄退休，由Janet Beer教授（图5.2）接班主政，Janet自然而然成为西浦董事会的副董事长。

理论上讲，关键人物的改变一定会导致对西浦发展思路和方式的改变。如果这种变更不同时发生，或出现在不同时段，还会因有新老配合和协调，有利于战略的持续和发展的稳定。但双方合作母校的关键领导同时变更加上国际合作办学的独特性、中国环境的复杂性、新老班子沟通的彻底性，一定会引发波动。

因重大人事变动及期间的许多磋商问题，我们习惯在7月底的董事会拖至当年9月举行。还因董事长和副董事长新到任，所以双方首先需要相互认识和了解西浦，我事先也分别向他们介绍了西浦历史、发展状况、董事会流程、习惯做法等。除对我的考评外，如以往一样，董事会一切顺利。我到任6年间，因很快赢得信任，特别是英方的信任，对我每年度的考评均由正副董事长代表股东在董事会前半个小时举行。也许是因为西浦有目共睹的快速发展和健康运行，王建华和Howard教授对我的考评过程极为简单，我简单介绍西浦过去一年的发展和下一年的计划，二人略作提问或评论即可。然后二位研究一个对我的评价，一般按低于期待、一般、优秀、杰出四档描述，并向其后的董事会通报对我的考评结果，并据此研究给予我的薪酬调整方案。我在过去6年间年年获得杰出的评价，一两年还得到Extra Outstanding（超杰出或卓越），我的薪酬也会得到相应的体现。因正、副董事长均为新人，我首先要向他们介绍过去的实践，然后配合他们新的考评方式，完成对我的年度考核过程。最大的变化是对考评过程有了严谨规范的要求，首先我需要事先提交一份西浦过去一年的总结报告，其次我的汇报过程更加具体和关注细节，再次会后需要基于评估向他们二位提供一份下一年度具体的工作目标清单。另一变化是二位也不再给董事会通报评估结果，于是对我的评估结论无法在董事会后立即作出，往往要由董事会秘书与他们沟通，并在董事会后一段时间方能完成二位的协商结果。对我个人来说，另一个重要的变化是改变了过去的奖励机制。例如，较大地降低了奖励比例。我不知是由于沟通问题还是双方有了新的安排。当然，我是为了这份事业在努力，而不是简单为了报酬，所以我只是给英方发邮件询问此变化的原因，但尚未得到回复，我也没有继续追问。尽管迄今，我每年依然会获得杰出的评估，但奖励却降低不少。因我视这份工作为实现自己人生使命的重要平台，所以坦然面对，并未计较。

这种变化让我意识到在新一届董事会领导下，工作方式和风格也会遇到更大调整。好在西浦已进入比较成熟的健康发展状态，又相对独立，所以顺利度过了关键领导人更替的第一年。等第二年7月董事会暨西浦毕业典礼时，有了新的动向。西浦一般一年两次董事会，第一次在春节后，一般以视频方式举行，第二次在7月底，基本在西浦校园现场召开，会后主要领导会出席西浦每年一度的盛大毕业典礼。2015年，Janet到任后第一次到西浦校园参会。其间与我有了第一次面对面的二人会议，令我开心的是她提到了两校的合作关系。中外合作大学，国际合作者一般都设法把新学校看成他们的一部分，或在中国的分校园，或一个小学院或教学中心。我们在西浦办学过程中，坚持西浦在法律上的独立地位和办学上的自主权，一方面是为新时代教育探索做出样板，另一方面这样的地位有利于西浦教育探索使命的实现。从言谈中我发现Janet已将西浦看成合作伙伴，商讨两校和我们两个之间的合作关系，说明她在心里已视西浦为独立发展的实体。这可能与她长期在英国管理大学的经验或所站的地位有关。我对此感到很高兴，赞同她的认知，但也清醒地意识到，在日后发展中，我将需要逐步适应这种变化，甚至是西浦发展战略的可能调整。

另一个重要事件是2015年7月董事长因要事临时通知无法参加董事会，这让利物浦方很难理解，半年前确定的重要活动，为什么说不来就不来。后因这种事情重复发生，加上西交大方董事有数人经常缺席或在视频会时出席一会儿就失踪了，利物浦同事形成了西交大领导对西浦没有Commitment即不重视或投入的感觉，在某种意义上说，他们甚至会认为利物浦方不受尊重。

　　我熟悉中国情景，又是西交大的老资格，当然知道其中缘由。但作为西浦一线的操作人，特别是英方推荐的人选，自然需要让利物浦同事不要因此产生误解。

"I have high expectations for the future of XJTLU, when it will become a world-renowned global university."

"我对西浦的未来充满着期待，希望它可以发展成为一所享誉全球的国际化大学。"

Professor Shuguo Wang
王树国 教授

Former Chair of Board of Directors, XJTLU, 2014-2017
西交利物浦大学前董事长，2014—2017

图 5.1

"XJTLU has established
itself as an outstanding
example of Sino-British
collaboration in higher
education."

"西交利物浦大学的建立
是中英合作在高等教育
领域的杰出典范。"

Professor Dame Janet Beer
简奈特·比尔 教授，女爵

Deputy Chair of the Board of Directors, XJTLU
Vice-Chancellor, University of Liverpool

西交利物浦大学副董事长
利物浦大学校长

图　5.2

在中国政治社会环境下，多年的管理研究和实践使我清晰地认识到，中国有隔代亲的现象，也就是说，新任领导基本上不重视甚或（嘴上不说）事实上慢待前任的决策。例如，前任市长有东城战略，后任市长一般会有西城战略。西交大在新书记和校长上任以后，在和他们的交流中，可以感受到他们对西浦发展的肯定和支持，然而在西交大校园，对西浦的舆论和发展一直是非常敏感的，甚至是怀疑的，西浦对西交大没有贡献的说法会从不同角落里时不时地冒出来。为了西浦发展和强化两校间的沟通，我每年都会设法与书记和校长长谈，并探讨如何利用西浦助推西交大发展，几乎每次交流都有令人激动的构想，但大都因事后跟进不力而落实不到位。即使在前任董事长时代，西浦也做过多次尝试，包括为西交大学生设计交流项目、提供干部培训的影子计划、带西浦团队赴西交大挖掘和探讨科研合作机会等，但大部分因国立体制事务繁杂无暇顾及而落空，或因有关部门跟进不力而泡汤。再加上，二位新领导上任恰逢西交大发展备受内外诟病之时，新领导主要精力放在谋划西交大重新振兴和大发展的战略上，如西部科技创新港的建设，本身工作压力很大。为了防止利物浦方误解西交大不重视，我对他们说，就我和西交大领导的交流，不会出现中国社会习惯的隔代否定，而可能是西交大本身发展使他们的精力和工作重心有所转移，从而让他们心理上不要觉得不被尊重而能舒服一些。我甚至开玩笑地说，西交大不投入、不关注或不干预不是给了你们更大的决策空间吗？好玩的是，这样的事情慢慢发生了。

利物浦方慢慢从那种不理解或不受尊重的状态中走了出来，也许是新领导刚到位对西浦情况了解不深，也许是战略上的考量，利物浦方面对西浦发展的关心更多，也更具体。考虑到西浦已确定的发展使命和定位，我们需要小心谨慎，防止西浦回到国际合作办学常见的那种分校的模式上。但因决策权力的变化，西交大方事实上在西浦决策上介入不足，一次利物浦领导曾开玩笑地对我说了"Yes man"的故事。他们说，我们每次写邮件过去，不是长时间不回，就是在西浦提醒后得到回复，然而总是一个很简单的 Yes。一方退让会助推或引致西浦治理结构的失衡，可能挤压管理的空间，我敏感地意识到西浦发展的治理风险已经显现，管理团队若继续按原有战略和行为引领西浦发展将会遇到巨大的挑战，我个人的处境也日益艰难。

此时，摆在我面前的有几种选择：一是为了自己方便和位子，完全服从单方面的甚或不适应发展环境的决策，这样西浦发展则会失去机会，沦为平庸；二是坚守自己对西浦发展的理念，这样可能导致与董事会较劲，位子难保，也有可能"理想未成身先死"！正在这个选择的节骨眼上，另一事件的发生使我的处境雪上加霜。

N年前，西浦以高薪聘任了英国某科学协会前主席、南部某知名大学著名教授为西浦某系系主任，后来又任命为西浦某方面的政策性（兼职）院长。但遗憾的是，该教授的思维方式相对传统和保守，与该系不少教授和老师发生了冲突，该系内矛盾很多，一些很好的员工离职。因此，按照学校院长任期和系主任任期规定，我们决定让其第一个任期结束后即退下来。但他本人很看重这些岗位，想继续任职，因而出现了不满现象。在过去多年，他可能也不时给利物浦传递关于西浦甚至我本人的他认为的"重要"或不满的信息，但因利物浦对西浦发展的认同和对我的高度信任，这些反映没起太多作用。但在西浦董事会关键领导更替后，他可能也嗅到了一些变化，带着我们让其从院长岗位离职的不满给利物浦写了关于我和西浦的投诉报告。可想而知，利物浦很是重视，决定聘请外部教授对西浦进行独立治理审查。Janet先是与我私下沟通，其实是正式通知我。但我建议她，这样的决定需要通过董事会决策作出，利物浦单方面无权决定。于是，她写信给时任董事长，很快得到了"Yes"的肯定。于是，2016年2月，由利物浦邀请的外部独立专家Ella Ritchie教授领导的对西浦治理的独立审查正式启动。其实，我心里明白，其核心思想是在梳理西浦治理和管理体系的同时，设法进一步强化对西浦的控制，这样西浦有回归到传统中外合作的办校模式的危险。

此时，对西浦发展很熟悉但作为利物浦常务副校长的Patrick自然成为这一系列行动的操作者，从Patrick身上也可以明显看出其角色和行事方式的变化，闲聊中也能感受到他流露出来纠结情绪。他在Drummond时代进入西浦筹备组，在 Newby 时代被任命为常务副校长，在 Janet 入职后，按英国习惯，我曾担心他是否会离开利物浦，结果是继续其任职，这在英国是不容易的。但 Patrick 的变化到底是因为其自身认知改变还是学校决策所致我开始有点疑惑了！

这些事情给西浦长期稳定发展的大好局势带来了阴影，现时的治理状况已显现出对西浦发展战略及其执行的不利影响。

二、突发事件推波助澜

尽管西浦在规模快速增长的同时保持了高质量的发展，而且以探索未来教育、大学组织结构和运行体系以及大学与社会互动关系为使命的西浦，自然会很关注治理和管理体系的构建及其不断创新、改进和提升，所以独立治理审查虽很认真，从上到下，反反复复，提出了审查意见和改进建议，并在2016、2017 两年的董事会上汇报结果和行动进展，但本质上没有什么战略性改变，只是引起了校园一些疑惑和骚动，大家不知道到底发生了什么。

按计划，学术副校长 Andre Brown 2017 年 8 月 1 日应该离职，2016 年下半年起，利物浦已经启动了寻找接替人的程序。经过广告、筛选、面试，最后法学教授 Barry Godfrey 成为候选人。我也在其到访西浦参加学术会议期间与他深谈，最后同意利物浦的推荐，并决定提请董事会任命。Barry 接受西浦学术副校长岗位的决策应该是非常严肃的，更重要的是他要带孩子来中国上学，这对一个家庭来说是非常慎重的决策，因为不仅会影响其研究，而且其家庭生活将会发生很大变化。他对此很认真，为其孩子选择了学校、转学的时机，自己在苏州的居住地等。因苏州国际学校上学费用很贵，他还与利物浦争取孩子上学的学费补贴。Patrick 专门与我商谈，由谁和怎么支付这笔不菲的费用？我坚持说该岗位利物浦推荐、西浦暂无教育补贴，如西浦支付，则会违背西浦现行政策，也给我工作带来不便。Patrick 很理解，最后我们俩决定，由西浦先代行支付，然后再从西浦支付利物浦有关认证或交流学生费用中扣除。这样，我们为 Barry 加盟西浦扫清了一切障碍。

在董事会任命后，我希望他能提前数月到西浦与 Andre 并行一段时间，一方面熟悉业务，另一方面完成交接，以确保西浦教学和研究工作平稳过渡。但不知何故，他和 Andre 商议通过邮件的虚拟方式交接和过渡。我虽有些许担心，但因为他们二人似乎乐意这样进行，我也就没有再坚持。

Barry 终于在 2017 年 7 月底到岗，我和他进一步分享了西浦的愿景、使命、发展战略，眼前的关键任务、可能问题和工作部署，他很快进入工作状态。坦率地讲，他思路清晰、反应敏捷、行动较快（在这一点上与前任形成明显对比）、工作有序。我很开心，在西浦发展的关键时期，特别是治理出现一些波动的情况下，有一个较强的学术副校长，会有利于西浦面对挑战，继续顺利发展。于是，董事会和毕业典礼成功结束后，我去北海道度假几天，稍事休息。

当我在北海道凉爽的天气和优美的环境里爬山时，突然接到 Patrick 的电话，他说 Barry 告诉他决定辞职。这很奇怪，他如此认真地作出如此严肃的决策，为什么会在正式上班不到一周就作出这样草率的决策呢？我问什么原因，他说不知道！这时，Barry 正式加盟西浦方一周多时间。坦率地讲，虽然脑际中冒过，这又是一档需要面对的挑战，但我当时很冷静。我知道，按规矩他需要提前 3 个月告知，也就是说留给我应对这一变化还有两个多月时间。我当时告诉 Patrick，好，知道了，我回去和他认真谈一次，看看到底是什么原因，可否让他留下来。Patrick 对我说，可能性不大。我于是和他讨论，一是我们需要改进学术副校长选拔机制，最好是全球招聘，然后让其在利物浦熟悉一段时间后任命，虽然我们俩看法接近，但远水解不了近渴。二是为了平稳性，这次干脆临时从西浦选一位过渡副校长，留给我们一年时间解决长期问题。而且我也提出了内部可供选择的人选，Patrick 也基本同意我的看法。此时，我认为这只是发展过程中的又一片小小的涟漪，有点轻视了其后续的严重影响。

我继续休假。应当时江苏省委书记、现在中央政治局委员、上海市委书记李强邀请，答应终止假期，到南京给江苏省地市级以上干部做场报告，到机场发现因天气原因，一切从北海道飞中国的飞机都取消，但此时南京方面的干部们已经到位，眼看难以成行，我让助理联系旅行社，想尽一切办法让我先从日本回到中国，再想办法会前赶到南京。后来，我不得不转道东京，再遇飞机撤销等困难，一夜未眠、颇受周折地终于在黎明时分赶到南京，成功地完成演讲。在我面临新的挑战之机，再次应验了中国人"不经风雨，难见彩虹"的说法。

回校后，先找到 Barry 了解情况，他告诉我是个人原因。我问，如若我和学校提供帮助，有无改变的余地？他说已经决定。他承诺在剩下的两个多月时间里会继续努力工作，保持平稳过渡和交接。这样，我找到有潜力和可能临时过渡的教授谈话，请他们有所准备，以确保学校运转不受影响。

2017 年 9 月，为了解决副校长的更替，Patrick 到访西浦。按我在日本时和他的电话约定，我给他谈了我建议临时接替的人选，并商量 Barry 离开的时间，以及下一步的全球遴选思路。但他的反应和建议的活动安排使我敏感地发现，他的态度似乎与我和他在日本电话商谈时不同。他有点像钦差大臣般地驾到，准备从上到下召开一系列各级干部和教师会，而且要把我排除在外，然后形成解决方案，再和我商议和向全校通报，这其实就是在大家不明就里的情况下动员大家找问题，这会使西浦稳定发展的格局蒙上厚厚的阴影，引起校园普遍的骚动。

为了减少对学校正常运行的影响，我坚持提出以西浦 10 年发展回顾及未来 10 年战略规划为主题组织相关会议，将他的到访定位为外部有实际操控经验的顾问角色。这样，在动员会上我做了西浦未来发展的战略构思，请大家出谋划策，从而使会议向着进言献策的方向进行，以控制负面影响。为了不形成明显冲突，并且我对西浦发展状况有足够自信，妥协地同意不参加期间各种类型的会议。

　　两天会议后，Patrick 与我通报，改变了我们原来意见一致而且我已经谈过话的候选人，建议由中国研究系的 David Goodman 教授出任学术副校长，过渡一年。对这一变化，我并不介意，因为 David 在全球很多大学工作过，熟悉中国情况，而且曾是悉尼科技大学的副校长，从学术到管理经验以及对西浦的了解，作为候选人应该是比较恰当的。所以我表示支持。接着，他建议，由新副校长 David 负责，开启西浦运行发展的调研（ODR，Operation Development Review），共分 7 个组，几乎动员了西浦主要的人员开始了为期一年的调研和研讨，并要我明确支持这一计划。虽然在两天的各类会上，有人向我反映，一些人似乎是抱着找毛病而非促进西浦发展的态度讨论问题，我也容易想到这一计划也会不乏这样的现象。我是一个在战略和原则上很坚持的人，但在一些对方向和使命影响不大的问题上会很包容和有足够的灵活性。看到他坚决的态度，我坦然允诺。然而我决定在向全校宣布副校长决定时，努力把这场有点特殊目的的行动引向如何针对西浦战略、改进现有系统、为未来发展打好基础的方向上。

　　另外不解的是，在 Patrick 来苏州之前，我们其实有过沟通，觉得在西浦有几位教授都有能力做过渡期的副校长，且当时也基本同意其中一二位作为过渡副校长，然后改变利物浦内部推荐的做法，开始全球招聘。但 Patrick 到苏州后的态度，以及在苏州期间的安排，却改变了原来构想，我不明白到底是什么导致他的重大变化。尽管我同意了他的精心安排，出席了最后的会议，宣布了新的班子，并明确 2017 年 9 月 David 到岗，任期一年。并支持 David 领导 7 个小组开展 ODR 项目，为西浦进一步大发展强化基础。另外，利物浦还将 David 与西浦的合同转换为与利物浦的合同，同时加强了通过他与西浦的沟通和协作。

　　在公开宣布之前，Patrick 和我商议与 SMT 通报情况，并邀请 David 与会，以最后确定与大家沟通的方式。因对西浦前途和命运的关切，也对 Patrick 此行很多做法的不满，在这样的小场合，我爆发了，有同事事后跟我讲说我失控了。但我并不认为，这是我在西浦 10 年来第一次在同事面前发火。我指责利物浦和 Patrick 的做法不合法，为了学校的发展，我包容了一些不恰当的做法，包括利物浦单方面发起的治理结构审查，Patrick 钦差大臣式的到访和组织全校上下提意见。当时会场情绪紧张，可能也超出了 Patrick 的预料，他看起来也很是不悦，但没说什么。我之所以不认为我情绪失控，是我有意识地让 Patrick 知道我对这些事情的看法，虽然这会对我在西浦的地位很不利，但对理性的真正关注西浦发展的人来讲，则会有不同的认知。当然，在清晰表达我的不满后，后边的会议还是正常通报了新人选、启动组织发展调研以及我表态全力支持这项为未来西浦发展而进行的组织梳理工作。

为了西浦的发展，我邀请主要领导用了晚餐，包括 Barry 和 David，结束后我邀请 Patrick 去酒吧，进一步私下沟通了一番。因为我们二人合作了 10 年，私交尚好，希望大家不计个人恩怨，恰当与双方沟通，努力为西浦发展争取营造良好环境。喝酒期间，我隐隐约约地感受到，Barry 的突然辞职让利物浦特别是主要领导也大为不悦，甚或归罪于西浦，或者具体讲是我。虽然至今我不知 Barry 辞职的真正原因，他自己说是个人原因。但我知道利物浦给他确立了来西浦工作的具体目标，Janet 也曾经给我说过此事，我也看到她分享的一些 KPI，但具体细节和内幕不得而知。一个猜测是，Barry 来西浦后发现，他要完成使命很难，西浦 10 年发展已经形成了自己的一套体系和文化，较难颠覆成为利物浦给他布置的形态。故与其最后因无法完成使命受到惩罚，不如早点全身而退，省得日后有损名声。到目前为止，这还是一个谜，有机会我很想问问 Barry 其辞职的真相！另外，交谈中还被告知利物浦主要领导并不喜欢我的领导风格，这也验证了我在一些交流过程中的感受。有趣的是，从一些细节也能察觉，例如，就 Janet 而言，按西方人习惯，我们见面和离别时行贴脸礼，但后来也不知什么时候退化成握手了。是西方习惯，特别是英国人太重严密管理和控制，而我在管理和创新上太过"放荡不羁"？到底具体是什么原因至今不得而知。有同事与我交流，认为可能是东西方文化和心智的不同，特别是英国文化相对保守，他甚至用了 British small-minded 一词。最后，也感受到 Patrick 有受命行事的味道。基于上述认知，我问 Patrick，在我发火时你是不是很恼火？他说有点儿。但我们很快从这种不爽中恢复理智，他同意恰当沟通，尽量确保西浦长期持续发展。

然而，David Goodman 的任命，我和 Patrick 事先沟通的变化，Patrick 的很多条"卧底"信息通道，及其夹在利物浦和西浦中间的飘逸，我退出执行校长的传言在校园里不翼而飞，引起广泛的不安。

三、股权结构调整的风云

与此同时，关于西浦股权结构的问题也浮出水面。

在王树国校长入主西交大并成为西浦董事长后，2015 年春节期间，我在西交大与书记和校长均有畅谈，目的首先是作为西交大人了解新领导新战略，其次是汇报西浦发展，第三是探讨如何强化两校互动，相互受益。应该讲，每次都攀谈甚欢，对双方都有不少建设性意见。例如，在谈到西交大西部创新港时，我建议在大力发展增量时，一是要关注其长远可持续发展模式，二是如何将增量和存量融合起来。在谈到西浦发展时，王校长以其在政府、大学长期工作的丰富经验，建议我是否考虑把苏州工业园区或市政府拉入，成为股东和治理结构的一部分，以确保西浦发展的长远性和稳定性。他的考虑是如果双方领导有重要变化，对西浦的定位、理解和发展思路有重大改变或分歧，将会带来西浦发展的不稳定性。如果政府作为第三方加入西浦，有利于西浦治理结构的稳定性。同时，他认为，在中国办学，政府的介入会有根本的保障作用。理论上讲，这不无道理，但也有一定风险，即政府的介入会在一定程度上影响办学自主权，特别是容易使学校陷入公立体系那种氛围，每天为应付很多形式主义的东西而使学校运行陷入低效。加上当时西浦运行一切顺利，这一动议并没有得到积极的推动。

但在 2016 年西浦十周年大庆时，苏州市时任市长曲福田先生邀请王校长吃饭，席间，王校长又正式提及此事。曲市长曾在大学任过领导，以前曾因学科建设还拜访过我，英国前首相卡梅隆在上海宴请我们时我和他又有偶遇，他欢迎我到他任市长的淮安做点事情，随后西浦淮安研究院成立。应该说，他到苏州后对西浦发展还是很关心和支持的。奇怪的是，以前每逢大事或董事会，园区领导都会邀请西浦董事会成员共进午餐或晚餐，这次也一样。但市长宴请，并未邀请Janet，也许西交大校长是副部级，在中国官员很重视级别，故该宴请也可看成政府的一种官方礼节。

当王校长随后见到Janet，他提起和市长建议政府入股一事。因Janet未完全听明白，同时也不了解背景和来龙去脉，所以并未表态。等见到我和Patrick时，她问我王校长提及政府股权到底是什么意思，我给她介绍了背景，并建议在恰当时候可以启动，但当下最好保持现状。其实，此时对利物浦方来说，也希望不要有大的变化。

然而，因为市长和校长提到此事，政府必须作出回应。所以在10月左右，工业园区时任副主任丁立新带领一干人来到西浦，调研政府入股事宜。我介绍了背景以及西浦目前状况，建议保持现状是发展西浦的最好策略，以后可以择机商议这一重大问题。园区领导明白背景后，也同意这样的制度安排，并向上汇报。

然而事情却在西交大的推动下不断发酵。此时，西交大新任领导推动的西部科技创新港建设如火如荼，但发展资金对西交大来说将是巨大挑战。西浦董事、西交大副校长张汉荣负责西部科技创新港的建设和融资，于是他想到了西浦股权事宜。他转变了王校长改进西浦长期治理结构的初衷，而试图利用政府进入西浦为西交大谋取一笔不菲的发展资金。怀揣这一动机的张校长多次与园区领导提及和推动此事，我也曾给工业园区和市领导解释过这件事情的动因及演变过程，在西交大的一再催促下，园区领导必须回应此事。

此时，全国对中外合作办学支持力度越来越大，特别是深圳，此时新任工业园区书记的徐惠民先生很看好西浦，但他意识到，如果西浦因别的地方更强大的支持，搬离工业园区，工业园区没有任何办法阻止西浦外迁，所以他也想通过地方政府入股来确保西浦在苏州发展，成为真正的当地学校，工业园区的大学。当他和我商议这样的想法时，我说对西浦来说应该没问题。但我告诉他，西交大张校长是想通过股权调整从工业园区获得一笔钱回流西交大，他则说，政府可以把过去的投入作价成为小股东，但不再会投入现金。这与西交大的构想出入较大。

后来张校长到西浦与我探讨此事，我给他介绍了园区政府的思路，分析了西交大变现的难度。再后来，听说张校长又设法建议西交大出让部分股权给政府，获得一部分收益；或者政府把现在拥有的西浦校园所有权转移给西交大，西浦每年给西交大支付租金等方案，但坦率地讲，这些方案既不符合工业园区的目的，也不利于西浦的长期发展，所以政府入股西浦之事一波三折。

在西浦遭遇上述治理风险和发展不确定性的当口，西交大西部科技创新港的建设资金也压力巨大。2017 年 7 月董事会前，因张汉荣副校长无法出席董事会，特委托西交大徐群董事准备在会上再次提出此问题。徐群会前与我商议，我告诉她，你有权提出这个问题，但就我的了解，想通过苏州工业园区入股西浦变现或拿一笔钱回西交大目前尚无可行性。于是徐群与张校长通过电话后放弃了在会上讨论此事的动议。

但在西浦治理失衡情况下，其实我认为政府入股确实可以作为恢复西浦治理的一种手段，从西浦长远发展来讲可能是有利的。所以，于此情此景中，为响应董事长王校长的积极推进，应对董事张校长的迫切需求，抓住工业园区时任书记徐惠民先生乐意推动股权变更的积极性，我觉得重启此事时机成熟，董事会也同意可以着手推进，于是我们在 2018 年初正式提交了筹划政府股权介入的议案，并形成了双方工作小组，探索在不影响学术自由和过分行政干预情况下的政府入股方案。

在当代中国环境下，常天有不测风云。2018 年上半年到任不久的徐书记调往南通市任市长，苏州市常务副市长吴庆文先生入主工业园区书记。在 7 月董事会前我让丁忆民副校长落实政府入股推动情况，以给董事会准备汇报材料，不料反馈给我的信息却是工业园区决定不再入股西浦。因此时西浦的治理已暂恢复平衡，股权结构这一改善治理效果的工具可留着以后择机使用，所以我告诉丁校长，没关系，如实向董事会汇报。

就在 2018 年 7 月底董事会前，吴书记一天晚上与我通电话，我问他为什么改变决策，方知道是因为信息不对等所致。他刚加盟工业园区，但他了解西交大的意图，认为其诉求既不可能，也对西浦发展无益，遂决定停止此项议程。当我给他解释了此项议题多年来一波三折的历史和前因后果，特别是在必要时实施西浦股权变革有利于西浦治理结构完善和长期稳定发展后，他说可按照校方的意见继续相关事务。尽管此时，作为治理措施，这项工作暂不重要，但却会影响到西浦未来发展。于是，我让丁校长为董事会准备该事项进展报告，并继续研究清楚如下问题：①政府或国有资本入股对学术自由和学校管理的影响会有多大？②债权变股权后，在西浦非营利机构税收地位未完全解决前会给西浦带来的税收压力有多大？③政府股权比例如何计算？④股东会治理结构如何设计？

对于像西浦这样想在中国土壤里培育一棵国际化大学的树苗，其遇到的阻力和挑战在所难免。我常对同事讲，我们在战略上要大胆，敢于突破世俗，顺应时代趋势和需求，创新性发展；但我们一定要非常清楚，像西浦这样幼小的、有一些异样的苗子，在其发展初期还不被社会完全认可的情况下，在战术上我们要如履薄冰、战战兢兢、谨小慎微前行。因为，国内名校犯一百个大错误可以没事，但一丁点小事都可能葬送西浦的发展命运。

现在，西浦面对的波动还不是外部的冲击，而是在西浦冉冉升起的时候内部出现的一些涟漪，我们必须快速动手，策略地防止其演化成波澜，为随时出现的外部冲击和挑战打好基础、做好准备！

第六章

重建治理

很多人一生感叹怀才不遇，在等待和抱怨中慢慢老去！其实，人类社会永远不可能完全按照自己的意愿行事，人生应该有理想，但无法实现的理想是梦想。生活中脚应放在地上，踏踏实实地做好眼前可行之事，充分创造自己的价值，便会发现理想在徐徐走近自己！

——席酉民

再伟大的事业也不可能一帆风顺，无论是狂风暴雨掀起的巨浪，还是潮流遇到岛屿或礁石掀起的波澜，或者是一块石头在平静湖面激起的涟漪，都是人生和事业发展中挫折或挑战的馈赠，保持初心，把握方向，积极面对，智慧调整，这些波浪会助推事业之船更高、更远，会酿造出更多奋斗的精彩。

西浦经过 10 年奇迹般的高速发展，遇到了一些涟漪。西交大和利物浦主政人的同时变更，导致治理的失衡，进而形成心智和发展思路的冲突，甚或领导团队安排上的变更。

这些变化的起因表面上看，可能来自某个教授的告状信及其后导致的治理结构独立审查，当然也可能有从西浦到利物浦多种信息渠道传递的模糊信息的贡献，还可能是因为我在西浦长期快速推进过程中给利物浦人留下的强势印象，等等。他们总是在讲，西浦的透明度不够，其实他们的"透明"就是上上下下成天议论而做事很慢，我们则是按治理和管理程序进行必要沟通后的快速行动。如果我们一直按照英式的"透明"工作，一定不会有今日的西浦！自从西交大和利物浦领导同时变更，形成新董事会后，这些文化和处事行为上的张力就日益增大，也演化出后来的种种治理挑战。依据了解中西文化且转战世界各地的大学者 David Goodman 教授的观点，这些张力更深层的原因是心智模式的冲突。他认为，有些人因其成长环境和文化因素的影响，思维比较狭隘、保守，甚或内心深处看不起中国或中国人，如果其个人性格上再过分自我、工作风格上喜好控制、用人上不够包容，就可能会因为心智和行为不和而产生摩擦或冲突。如果治理结构完善，这种因个人因素产生的不利影响会得到遏制。但如果治理失衡，如西交大一方的后退，这种影响便会借机使这种冲突得以凸显。

具体到西浦，特别是西浦发展 10 周年后，Patrick 多次和我讨论西浦领导结构的调整问题。鉴于西浦发展暂时还离不开我，他曾建议，陶文铨校长退休，由我转任校长，再设置常务副校长岗位，重新调整校长和常务副校长职责，使校长岗位更实，负责战略问题，常务副校长负责日常运营问题，这样既减少了我的执行权力，又可以一定程度上利用我的价值和影响力。并希望这一安排尽可能在 2018 年初董事会上通过，争取在 2018—2019 年度实施。这也许是校园里传说我要退出执行校长岗位的背景或原因。我不知道 Patrick 这个建议的背景和原因。明面上的理由是，他们认为在英国通常没有校长（VC）会干过 10 年。其实，对于成熟学校，两届后校长更替有利于学校新鲜空气的引入，有助于持续创新。但对西浦这样的创建性学校，其发展正在成型期和爬坡期，关键领导的相对稳定会利于其发展。这是理论上的分析结果，而不是给自己继续带领西浦发展一段时间制造理由。事实上，多方利益相关者都非常清楚这一点，很担心在这个阶段我的职位突变会给西浦发展带来重大隐患。Patrick 也曾多次问及我：你能干多久？会不会到其他大学就职？我曾告诉他，西浦是我精心打造的想影响中国和世界教育的平台，这可能是我毕生的事业，只要董事会认为我还可以给西浦发展创造价值，即使别人给我更好的条件，我也不会离开。记得当时，他面部的表情似乎是释然。有意思的是，在这段波动期，确实有很多猎头公司找到我，邀请我考虑一些世界大学的岗位，包括英国排名远比利物浦靠前的大学、澳大利亚的大学、韩国的学校、马来西亚的国际大学等，当然我均一一婉拒。

在 Drummond 和 Howard 时代，利物浦的充分信任成就了我们的大胆行动和高速发展。从长远来看，我们没有权力选择治理，也无法预计下一个利物浦校长和协调两校关系的关键人是谁、什么样的风格，我们唯一能做的事是促进董事会治理健康，利用自身智慧和学校持续成功争取尽可能友好的发展环境。

一、治理反思

在公司治理上的研究和实践上，我算是有一定经验的，曾经与全国人大前副委员长成思危先生一起参加国家自然科学基金会应急项目研究，对世界四种治理结构即以美英为代表的市场外部治理、以日德为代表的内部权力制衡、以东南亚包括我国香港、台湾地区为主的家族血缘关系治理、中国国有企业的关键人治理进行了总结和对比，提出了中国当代企业和组织治理的思路和建设性意见。

我曾依据自己提出的和谐理论对和谐社会治理进行过分析，撰写了"三颗地雷"（闹文化、投机和寻租）不除，和谐社会实现无望。分析当时中国社会治理的"软法治"现象，以及其借助闹、寻租、投机三种俗文化的推波助澜，会使中国陷入一个无法真正在法治的环境下以高昂的社会成本长期运行的困境，并提出了改进的策略。

具体到企业和组织，还对中国现行的党政双元治理的问题和完善进行过研究，在核心与中心争论的时代，总结提出了"一强一弱、强强、弱弱、以及哥俩好"四种模式，分析了其优越。还专门为中组部撰写过关于大学"如何改进党委领导下的校长负责制"的政策建议。

另外，在改革开放初期，我曾经与学生一道研究出版了《国企改革与治理》专著，当时国家正在探讨启动公司独立董事制度，被邀请我还参加了征求意见稿的讨论，并做会议报告。我还曾在高等教育出版社出版过国家21世纪重点教材《公司治理》，从外部治理环境、集团治理到治理模式再到具体治理问题有详尽论述，这可以说是当时中国最好的公司治理教材。

在西浦筹办初期，根据理论分析和实践经验，我坚持西浦采取 50 对 50 的治理结构，意图或基本逻辑是，办大学需要所有股东真正投入和达成共识，是一个不断深入沟通和协调的过程，而不是可以用简单的投票机制票决的事业。这样虽然会因需要深入沟通而影响股东会和董事会的决策效率，但有利于大学汲取股东和董事意见，获得各方支持，长期健康发展，当然这种重协商的过程依赖于运行团队有较强的沟通能力。在过去 11 多年来，每次会前我都会将有关重要话题与双方沟通，事先形成共识，因此每次董事会尽管议程很多，但都会在两个小时左右顺利完成。可以说，在西浦发展历史上，迄今还没有用过投票机制。

面对西浦这几年出现的治理失衡，从现实看是人事变更所致，但从治理的本质来看，股权结构并未发生变化，但却因其中的关键人的态度和心智的不同导致一个较稳定的结构出现一定程度的失衡，这在理论上并未得到必要的重视。西浦的经历使我从理论上意识到，治理以往只关心股权结构和权力制衡是远远不够的，平衡的结构与其中的关键人依然有很大关系！

二、失衡的治理必须回归

2017 年暑期 Barry 辞职的风波，加速和放大了西浦治理失衡的影响，给西浦发展带来了很大的不确定性，老师和有关方的传言在校园内外造成了一些噪声和传言，甚至利物浦方的方大庆教授都关切地写邮件询问情况，因为他听到 Patrick 和有关人士关于西浦的一些说法。随着 David 的任命，Barry 事件似乎暂时平息。但利物浦并没有及早开展全球招聘学术副校长以来年接替 David，David 本人也经验丰富，而且工作十分投入，我并没有特别在意利物浦的行动，心想如果暂时找不到合适候选人，可让 David 多留任一段时间。

David 上任伊始，除其性格急躁和在一些人事问题上因控制不住情绪造成了一些麻烦外，我对其工作还是满意的。于是，我想尽办法帮他控制情绪和态度，例如和他讲如何理解和感悟"理直气和、重话轻说、换位思考"等中国智慧。他也很看重这个机会，努力地在改变自己。后来他与我和利物浦方面提出自己的工资和任期等事宜，英方似乎也比较满意 David，我们于是同意给他涨工资，并延长其任期，即从其第一个一年期末开始，继续任职两年，如果合适和需要，可再延续一年。至此，西浦从治理结构审查到学术副校长风波得以平复，进入重大战略启动期和第二个 10 年的快速发展。但坦率地讲，西浦的治理失衡问题还在那里。

此时，利物浦也在加紧行动，试图减少我对西浦发展的影响。也许利物浦有让我退出的设想，但方方面面关键利益相关者清醒地知道，在这个阶段我对西浦发展的价值和意义，甚至是不可或缺的作用，应该说这个动议阻力不少。于是才有了上述 Patrick 建议我出任校长、增设常务副校长的过渡方案。

就我个人而言，10 年带领西浦发展到这个阶段，也可算功成名就，重新调整组织结构，做一个偏重战略的校长，不仅可以减轻工作负担，又可以照顾到西浦发展，也是一个不错的选择。但在西浦面临第二个大发展的 10 年之际，这样的安排显然会大大影响战略的实施。其实，最有效的安排是短期不做领导班子大的变动，但可以开始这样的布局，等三四年后西浦各种战略布局基本就绪时再做调整。

但似乎利物浦已经等不及了，决意前行。考虑到西浦的命运，我必须有所行动，改变这种局面。

三、运筹帷幄、重回平衡

其实，就西浦长远发展来讲，班子的重新调整还不是要害，真正关键的应该是防止西浦治理结构的继续失衡。只要有长远布局和战略思维，机遇总是会出现的。针对西浦当时的治理架构，改变西浦治理结构布局其实有三大策略。

（1）说服西交大对西浦发展的重视。然而，对于处在特别发展时期的西交大，现任领导精力主要放在自身发展上，再加上他们对西浦发展认识上的不同观点，尚没有把西浦的发展视为自身的一部分，设法利用西浦为西交大发展布局，如强化教育国际化、改进教育体系、提升管理水平、培养干部和师资、加强三校合作研究等，而只是比较关心短期经济收益。在无法获得直接经济收益的情况下，不太关注西浦的发展，甚或未承担起自己必要的股东和董事会责任。但在利物浦方面，则是太在意西浦发展，其领导对西浦发展的观念也不太一样。例如，在一次国际教育论坛上，有人提问当时的利物浦副校长 Kelvin 教授，如果西浦在一些方面的发展超越了利物浦，您该有何感受？他巧妙地回答道，西浦是利物浦和西交大的儿子，谁家父母不希望自己的孩子有更好的发展！应该讲，现时的西交大很多领导和师生对西浦的发展还缺乏这样高度的认识和更加包容的胸怀，而且估计短期内也难以改变。然而，幸运的是，每过几年，民政部门对大学要重新登记，按照中央的新的国家干部的政策，一个单位的一把手不得兼任合作单位职务，副职不得兼任两个以上职务，于是这给了西浦调整西交大董事会成员的机会，从而有了改进董事会的制衡关系的契机。

（2）现任西交大王树国校长、西浦董事长一直坚持邀请园区政府入股西浦，进入董事会，西浦董事、西交大张汉荣副校长虽然比较关注经济收入，也是政府入股西浦的积极推动者。这也是一种将西浦治理从目前的50对50的股权机制改造为三方治理的机会。当然，原则是要做到政府不介入西浦的学术自治。

（3）在西浦董事会中引入外部独立董事。在西浦快速发展阶段，主持审批西浦的原教育部副部长章新胜先生曾到访西浦，并建议西浦引进外部独立董事。当时因西浦发展一切顺利，我告诉他这是很好的建议，从大学长期发展来讲，获得更多外部指导和制衡理论上是需要的和有利的，等时机成熟时，我会向股东会和董事会提出建议。当时，并未立即采纳和积极推进这一建议，而是考虑如果有一天董事会遇到平衡问题，这也不失为一个重要的策略。

2017 年下半年，因 Barry 辞职，Patrick 空降西浦，组织了全校多级有些兴师问罪式的座谈，随后爆发了我入主西浦 10 年多第一次发火，特别是对我的雇主方主要领导发火。尽管我们双方很快平息和好，但背后的治理裂痕依然没有消失。我深切地认识到，必须尽快改变这种状况。

也许是天佑西浦，恰在此时，上述策略中前两条都给我们提供了机会。

根据中央规定，王校长无法再担任西浦董事长，西交大必须推荐新的董事长人选。此时最简单的策略是从西交大现任董事郑庆华和张汉荣副校长两人中选一位做董事长，但郑庆华副校长需要继续兼任西交大城市学院董事长，必须放弃西浦董事职务，张汉荣副校长因其非学术背景无法与利物浦方对等交流，故须作出别的安排。就此，我与王树国校长商议，因这是干部安排问题，他建议我直接与西交大张迈增书记讨论。和张书记讨论几个人选，首先是前任西浦董事长王建华教授，他一方面了解西浦历史和现状，又已退休 3 年，应该是最佳人选。因此我与西交大组织部商议可行性，他们认为理论上没问题，但因是部管干部，需向教育部请示。后来教育部也吃不准，说文件是中组部下发的，又向中组部请示，结果得到的回复是现在应该从严控制，所以不行。于是，我不得不在西交大过去的同事中筛选，既要有教育的情怀，又要有一定学术影响力，还要有基本的领导地位，更要有能力领导董事会。于是两个人选进入视线，一是西交大前任副校长、中国工程院院士、时任教育部科技委副主任的蒋庄德教授，因当时他也正在带领教育部科技委研究教育发展走向，所以非常乐意担此责任；另一位是西交大前副校长宋晓平教授，他科研能力强，长期在西交大领导岗位工作，熟悉西浦发展。西交大最终推荐了宋晓平教授（图 6.1）接替王树国校长兼任西浦董事长，郑庆华副校长因政策退出西浦董事会，由产业集团副总徐群女士进入董事会，张汉荣副校长继续留任西浦董事。

"With a long-standing innovative development, XJTLU is to be built into a top university that attracts both excellent scholars and promising students."

"不断创新发展，将西交利物浦大学建成世界大师云集，莘莘学子向往的一流大学。"

Professor Xiaoping Song
宋晓平 教授

Chair of the Board of Directors, XJTLU
西交利物浦大学董事长

图 6.1

"If you want to open your eyes and change your life with different styles, welcome to XJTLU."

"如果你想开拓眼界，体验不一样的人生，欢迎来到西浦。"

Mrs Qun Xu
徐群 女士

Board Member, XJTLU
Chair of the Board of Directors, XJTU Educational
Investment and Management Co., Ltd
西交利物浦大学董事
西安交大教育投资管理有限公司董事长

图 6.2

为了确保西浦董事会重返平衡，我积极地以自己对西浦发展的价值和不乐意也不太擅长的斡旋确保学校无战略性灾难。在西交大董事会成员调整期做了大量不同侧面的沟通工作，特别是在一些多方缠绕的关系中，较智慧地使局势朝利于西浦长期发展的方向转换。在人选确定后，我专门回到西交大再次当面拜会宋董事长，就西浦发展战略、现在治理出现的问题、未来的出路等重要问题进行了沟通，使其理解了西浦未来发展的趋势以及董事会应该坚守的立场，并形成了对未来布局的共识。此时已接近 2017 年年底，利物浦为了继续推进其建议方案，并力争改进与新董事长间的个人关系，Patrick 飞抵西安，由我陪同，与宋教授进行了首次直接会面。

在我安排行程时，Patrick 坚持让我给他和董事长安排私人会面时间，以争取宋教授对其建议的支持。我当然不能拒绝这样的要求。在他们会面后，我从双方获知了他们的对话及其共识，应该说，英方建议被"西浦发展健康，现在无须有大的变化"为由而推后。

另外，我趁机与 Patrick 在西安进行了深入的非正式交流，除了西浦发展的机遇和挑战外，更多地和他分享了在中国情境下中外合作办学的挑战，针对西浦校领导选拔和决策程序，和他介绍了中国民主集中制的优缺点、干部选拔的合理性及风险性等问题，当然也深入剖析了西浦目前的状况和生命力、未来战略规划和在业界的领导地位等，使他更深刻地认知到西浦的现状和未来发展空间。可以说，这场交流，包括他和宋董事长的私人会议，对 Patrick 有新的触动，也使我进一步地感受到利物浦的考虑以及他的任务，这场交流将是纷纷扬扬的西浦领导格局变化的一个重要转折点。

还有，杨民助副校长按西交大规定将于 2019 年初退休，为了平稳过渡，我与西交大组织部经过多次交流和推动后获得了数名候选人，以使副校长早日到位，与杨校长并行一段时间。因为我的西交大背景，为了防止在副校长选拔上的偏见，我还利用 Patrick 在西安之机，请他面试了几位候选人，最后时任外事处副处长、曾任西交大 - 利物浦孔子学院中方院长的钞秋玲教授（图 6.3）被选为候选学生副校长。

"Be friendly, be polite, be kind, be brave, be wise; be the best person you can be."

"友好、礼貌、仁慈、勇敢、智慧，做最好的自己。"

Professor Qiuling Chao
钞秋玲 教授

Vice President, XJTLU
西交利物浦大学副校长

图　6.3

和谐心智

鲜为人知的西浦管理故事

在 Patrick 离开西安之际，我特意安排了他与我一道在西安市高新区领导的陪同下查看了西浦汇湖国际创新生态港的可能选址。西浦未来战略和探索之一是扮演发酵剂（Catalyst）的作用，撬动社会力量做几场大的社会试验，为未来社会重大问题提供解决方案，同时为西浦更长远的发展（后边将提到的西浦 3.0 版）进行预演和做好准备。这样的重大问题如果放在董事会通过，一方面英方因不了解中国国情需要较长时间解释和讨论，另一方面决策效率很低会延误时机。因此，我们将这类大胆探索和尝试更多转向利用市场机制，一方面整合外部资源、降低学校风险；另一方面也可作为校内运行项目，以利用我们运行团队高效决策来推动和实施。为此，在我和国开行领导的磋商和努力下，西浦与国家开发银行、苏州市政府合作成立了"西浦新时代发展研究院"，试图通过"西浦驱动、政府支持、产融合作、市场运行"在全国做几场社会实验，西安项目就是其一，虽然法理上无须董事会批准，但我又要让西浦董事会主要领导知道和支持。所以，还专门安排了 Patrick 去看未来有可能作为实验的地块和周围的环境，介绍了国际创新生态试验的谋划。然后，特意安排他上城墙体验了一下西安古都的宏大布局和历史，在西安竹笆市最有名、最传统的小吃店品尝了著名的肉夹馍和油泼面。这一切安排，都是为了让他更了解中国文化和国情，也更理解西浦的发展和管理。正如许多西方人一样，因为 10 多年介入西浦发展，他们可能觉得已对中国很了解，其实深厚、不透明和潜规则盛行的中国文化和国情岂是他们可能在短时间内能真正理解的？这次西安之行，应该说使 Patrick 对中国和西浦发展有了新的认识。回去后不久，Patrick 告诉我，现在利物浦领导对西浦的事感觉比较舒服了，利物浦方也暂时放弃了改变西浦现行管理架构的想法。换句话说，到 2017 年年底，西浦治理暂时达到了新的均衡。工业园区政府入股西浦和引入独立董事措施暂不那么紧迫，可以择机再进一步实施。

从上述过程，可以看出 Patrick 在西浦治理中的重要角色。然而，2018 年 7 月我收到他的微信，得知他决定离开利物浦，于 9 月将以 Registra、Secretary 和首席运行官的身份加盟曼彻斯特大学。尽管当时这还是秘密，但我深知这对西浦以后发展的潜在影响。我回他微信：从你个人职业生涯来说，我祝福你；但从西浦和利物浦发展角度看，很是遗憾。当然，Patrick 的离职对西浦是祸是福取决于很多因素，虽然他是利物浦老资格且熟悉西浦，但因此可能在很多方面会影响西浦的发展空间。换个新人，也许可能给西浦发展带来新的空气甚或更少的约束，在利物浦，最早一起参与西浦筹建和发展的人物已经全部退休。随后，Janet 正式通知我 Patrick 的离职，以及利物浦教学副校长 Gavin Brown 教授（图 6.4）将接替 Patrick 进入西浦董事会，并且为了加强西浦工作，利物浦将成立一个机构，任命一位 Dean 专门处理西浦事宜，以利其熟悉西浦业务，并作为西浦学术副校长的后备人选，等现任学术副校长到期，如果该 Dean 合格，则作为西浦副校长的接替者。

　　2018 年 7 月，Gavin 出席了董事会和西浦毕业典礼，我趁机与其更深入地交流，使其对西浦历史和发展有更全面的理解。因要与之合作，我们就双方个人背景和志趣也有所交流，我于 2018 年 11 月在访问牛津大学、英国国家影视学院及再次出席在温莎城堡举行的"Windsor 对话"后访问利物浦，从他的精心安排可以看出他对西浦发展的积极态度。特别是我和 Janet 的会面也更加轻松和亲切，她关切地对我说，西浦发展有需要利物浦支持的，你可尽管告诉 Gavin，在告别时她和我之间的礼节也发生了改变，又回到了初期时的贴面礼。有趣的是，我趁此次访问之机，应 Patrick 之邀，最后一天入住其家，畅谈 10 多年的合作友情，特别是在他离开利物浦后以比较独立的身份，闲聊西浦发展过程中一些有关利物浦的台前幕后故事，包括他的境遇和离开的原因，以解我的一些疑惑，包括对他的一些令我不解的行为。第二天回国前，他又精心地安排了我与曼彻斯特大学领导见面和会谈，特别是期待我能给比较保守的曼彻斯特大学的国际化带来一些冲击。

　　总而言之，西浦治理回升到一种新的稳定状态，其快速发展特别是太仓校区创业家学院的建设在利物浦备受关注，从 Janet，到西浦新任董事 Gavin，再到利物浦各方校院领导，会见中都希望了解新进展和更多细节，从

和谐心智

鲜为人知的西浦管理故事

"XJTLU is transforming the lives of thousands of young people through its exceptional international curriculum."

"西交利物浦大学正运用其独特的育人模式改写成千上万名年轻人的人生。"

Professor Gavin Brown
Gavin Brown 教授

Board Member, XJTLU
Deputy Vice-Chancellor, University of Liverpool

西交利物浦大学董事
利物浦大学副校长

图　6.4

言谈中可以看出他们对西浦的大胆探索和未来的热切期待。我也希望西浦在新的稳定治理环境下，获得又一段更加辉煌的发展。

四、以持续创新赢得空间

其实，真正的长期可持续发展除了治理环境的稳定外，更根本地依赖于有潜力、竞争力强和持续创新的商业模式。就西浦发展来讲，我一直非常注意这个时代因技术涌现和快速迭代导致的许多社会范式革命所引致的教育重塑的机会，它可以使西浦与世界一流大学站在同一起跑线上开展教育探索，而且具有后发优势。基于这样的判断和部署，西浦获得了第一个快速发展的10年，受到了社会的认可、同行的关注、学生和家长的欢迎。如果西浦止步于此，依然会成为中国土地上一所有名的国际大学，甚或在教育上可以与一流大学竞争甚至超越，但很难完成实现其影响中国和世界教育发展的使命。因此，战略上讲，西浦在教育创新上应该走得更远、更高。

在西浦十年庆典之际，我就在谋划西浦的战略升级，即使后来出现了很多治理上的不确定性，我依然没有停止脚步。因为我知道，除回归治理平衡外，更重要的是西浦应有傲视群雄的发展部署和行之有效的战略实施，这样一个在正确道路上奔跑的高速列车是很难被一些噪音或干扰阻挠的。于是，我们在2016年讨论如何与企业和政府深度合作探索未来的复合式教育，并准备与江阴市政府和海澜之家合作在江阴新桥镇建设新型大学社区。为此，我用了一两年时间从管理理论、教育发展、未来价值和影响、办学可行性等方面与西交大和利物浦沟通，以说服他们支持。作为董事长的西交大王校长很清楚这一模式的意义，表示全力支持，并告诉我应抓住机会，但需要好好与利物浦沟通。我趁2016年董事会之机，邀请Janet和Patrick访问江阴和海澜之家，以使他们有现场感受。最后终于争取到了董事会有条件的支持，并于2016年

和谐心智
鲜为人知的西浦管理故事

下半年趁时任英国科技与教育部长 Jo Johnson 带领英国大学校长代表团访问西浦之际，在其见证下，西浦与江阴市政府和海澜之间正式签约。虽然，后因海澜之家投资出了问题，另外江阴市非属苏州市领地，在后期教育厅和教育部审批上可能会出现异地办学的嫌疑，该计划暂时搁浅，但期间在与江苏省教育厅和教育部领导的沟通中，各方对此的积极响应使得我们对这种教育探索充满信心。

随后，我们决定先在校内尝试这种复合式教育的构思，2017 年我们正式命名其为融合式教育（Syntegrative Education），分为三种模式：工业企业定制式教育（IETE）、创业家学院（CE）、创新创业社区（IEC）。当年，西浦与 4 家企业签约，正式启动了 IETE 项目，招收了第一批 IETE 学生，以使西浦现行的国际化专业精英教育的学生可以利用 IETE 得到更前沿的各行业背景知识和训练支持，以利于其专业发展。IETE 的成功起步引起了社会的一定程度的关切。与此同时我们全面提倡研究导向型的教育，以改变网络和数字化时代的教育策略，再辅以现代化社区性校园环境布局，西浦以学生为中心、研究导向型的教育在中国声名鹊起，产生了日益扩展的影响。

又一次天佑西浦，或者说机会总是眷顾有准备之人。当江阴项目停滞不前之机，平安集团访问西浦，探索国际合作办学事宜，因其在太仓有发展计划，加上太仓与苏州、上海形成三角布局之势，又靠近上海，于是，双方有了说服政府在太仓搞一个教育探索基地的初步设想。碰巧的是，太仓市委书记沈觅先生一行也随后访问西浦，获取中外合作办学经验，因为他们试图与德国大学搞中外合作办学。后经分析和建议，遂有了西浦太仓教育探索基地的构想，即西浦与太仓市政府合作在太仓创办创业家学院（CE），即西浦融合式教育的第二种模式。有了江阴校区的铺垫，太仓项目在前期比较容易地获得了董事会的支持。我们 2017 年年底签约，并及时向江苏省教育厅和教育部汇报，获得积极响应后，接下来的关键问题有：①要获得利物浦支持，包括这种全新的融合式教育模式，并同意授予在利物浦尚没有的行业学位；②向江苏省教育厅和教育部申请中国的行业学位，这注定会遇到传统体系的严重挑战；

③寻求有情怀、有实力、有品牌的企业合作伙伴，共同探索人工智能和机器人时代的新教育。经过一番沟通和努力，利物浦原则同意支持西浦的融合式教育，并授予其行业学位，而且表示会在其伦敦校区拷贝或借鉴西浦融合式教育模式。与此同时，我们6个行业学位申请也正式提交教育部并获得批准。更令人开心的是，我们在2018年4月举行了西浦融合式教育的发布会，随后陆陆续续有很多国内外著名企业积极响应，我们5月与10多家著名企业签署了备忘录，计划举办6个行业学院和建设六大平台，并于8月2日趁西浦董事会和毕业典礼之机，举办了西浦创业家学院成立和合作伙伴签约仪式。将以西浦创业家学院（太仓）为基地，探索新教育、新大学、新校园，为未来教育提供方案和样板，我们坚信，这个计划的成功实施，必将使西浦处于未来教育探索的领导地位，使其具有更大、更深远的影响和发展空间。

与此同时，我们与国家开发银行、苏州市政府签约成立了"西浦新时代发展研究院"，并在江苏省和陕西省两省省委和省政府领导的见证下，与西安市政府在南京签约，启动了西浦融合式教育第三种模式：以"汇湖国际创新生态港"为载体的创新与创业家社区建设的社会实验，这将为我们理解的未来大学和西浦的3.0做准备和预演。

可以说，2018年西浦重大报道不断，不仅上了中央电视台的新闻联播、今日头条、各大媒体，我还应邀在《泰晤士教育》上撰文介绍西浦发展版本1.0总结和2.0规划，西浦融合式教育全面启动、太仓教育基地签约、与国开行成立新时代发展研究院、西浦与西安市政府签约建设"汇湖国际创新生态港"并一步一步落地、与企业在太仓基地共建行业学院、计划设立行业学位、全面提倡以学生为中心和研究导向型教育、更多企业签约 IETE 项目、西浦全国教育创新大赛一届更比一届好、ILEAD 校内外各类培训项目受到其他大学热捧等等，西浦的教育探索不仅有深度，而且影响波及面越来越大，坦率地讲西浦品牌和影响力直线上升。

面对西浦大好和颇具未来的发展态势，各种噪声或人为障碍都会黯然失色或慢慢消失，持续创新发展的布局，加上我积极主动和更深入地与各方沟通，必然为西浦赢得更大的发展空间，也为管理团队领导力的施展创造更有利的环境。

我们并未因西浦2.0的开启而止步，已经开始了更长远的思考。例如，我和同事在探讨，10年以后，如没有重大变故，西浦苏州工业园区校园的国际化专业精英教育模式会因更加国际化、更重视素养教育、强化行业背景和训练、全新的教育策略、生态化校园环境得到进一步的完善；西浦创业家学院（太仓）2019年开始招生，2021年具有冲击力的校园正式启用，随着被学生、家长、同行以及社会的逐步理解，必将迎来追捧，到10年末即2030年，趋于成型，将可能成为未来大学、校园和教育的一个方案和模板。那么，西浦下下一个10年又该如何站立于创新潮头呢？我的计划是，在筹划的教育创新的基础上，西浦将努力扮演好一种发酵剂的角色，撬动社会资源，通过针对未来社会若干重大问题，建设更多社会实验社区，实践西浦融合式教育的第三种模式（IEC），以大学的品牌、理念、学术网络和创新能力，在不同地域创建一些主题不同的学习和创新（中心）社区，为未来开启的以兴趣导向的终身持续学习和创新提供支持，帮助人类增强生存能力、促进科技进步、提升社会文明。这样，不仅可以促进西浦治理稳定，也可以帮助西浦持续发展，不管谁处于西浦领导岗位，西浦都会以一种创新者和创业者的姿态屹立于世界！

五、用治理和组织升级保护持续发展

西浦治理因西交大董事会成员调整暂归平稳，加上西浦更大力度的战略布局，似乎过去两年中那些扰动和不安在西浦轰轰烈烈的发展中暂时遁形。然而我清醒地认识到，西浦的持续发展还会遇到新的挑战，也必须考虑领导班子的平稳过渡。我经常开玩笑地讲一个非常严肃的问题，好的治理结构不是能保证选到优秀的领导，而是能够及时淘汰不合格的领导。好领导是稀缺资源，虽然对事业发展有着举足轻重的作用，特别是在创业期或不稳定期，然而遇到好领导有很大的偶然性。事业的长期发展，不能简单寄希望于碰到好领导，而必须有强大的可持续发展模式。基于西浦实践，我提出了一种事业可持续发展的模型。首先，保证长期可持续发展的核心是有未来价值空间的商业模式。此时，如果治理稳定和领导强大，事业一定蒸蒸日上、蓬勃发展。即使治理不稳、领导和管理不到位，发展虽然会受损，但好的商业模式依然会延缓组织衰败。其次是有清晰、共享的愿景和使命。在这种情况下，即使领导和管理软弱，但因方向明确、目标一致，大家也会通过自组织，支撑事业前行。第三是有合理的治理结构和资源基础。这样，如果领导有问题或对组织发展有危害，好的治理便会启动弹劾程序或及时更换新的领导。第四是建立起一套完善的制度和政策体系，即使领导和管理有权变革有关制度和政策，但不合商业模式和愿景使命的制度和政策一定会引起不满。假如领导和管理团队无视大家的反应，一意孤行，达到了影响组织愿景和使命实现的程度，上述第三条治理机制便会启动。第五是有一支训练有素的团队和职工队伍，如果领导有问题，大家为了保护组织和自身利益，也会形成抗衡，如果冲突严重，上述治理机制便会启动。第六是形成一种健康的组织文化，如果运气不好碰到了不好的领导，组织文化也会有调整和抗衡作用，如果文化冲突加剧，一定会导致员工不满、制度冲突，进而引致治理机制启动。遇到一个好领导靠运气，机会、资源或关系等也都可能会导致一次成功，但事业的长期可持续发展则需要这六个方面的合作护航。

俗世的管理实践经常犯一个错误，即所谓的礁石现象，涨潮时没有问题，退潮后问题百出。一般在事业蓬勃发展时，最容易解决问题，消除隐患，但此时人们经常会无视问题的存在。等到发展处于逆境，几乎所有问题都会暴露出来，而此时既缺乏资源，又容易失去人心，已经错过了解决问题的最佳时机。

展望西浦未来，我们必须在事业蓬勃发展时期消除隐患或打好基础。记得在西浦太仓教育基地快速有效地推进之时，我向董事会汇报了已经明确的6个行业学院、10多家国内外著名公司的合作伙伴，以及与太仓市政府形成的建设规划的时间节点，并建议设置太仓基地校长角色，该校长经一年运营后，若复审合格，建议任命为西浦副校长，专门负责西浦创业家学院（太仓）的发展，希望董事会批准。因规划周密、落实顺利，董事会迅速通过了我的建议。但David告诉我，在他和Patrick日常性的沟通后，一次Patrick问他，"你是否知道这些安排和进展？"这一信息着实让我为之一惊，理论上讲我和Patrick 10多年合作，相互了解，而且他也认为除工作外我们是好朋友，他从我这里学到了不少，而且告诉我会带到他将要就职的曼彻斯特大学新岗位。在利物浦时，我们一块打球他还要请我下榻他家，这对英国人来讲很是难得，也许是因为他自己是爱尔兰人。但无论如何，他本应对我的做事风格和职业精神有足够的认知，问出这样的问题说明在他心里对我做事的职业性存有质疑，这虽然是一句简单问话，但如若沟通无误，我听到的是不完全信任和不尊重。也许我这句话言重了，这种理解上的差异或许是因为David与我闲聊时提到的中英文化差异，甚或是不同亚文化环境下领导者及其治理特色所致。

离开利物浦的Patrick再次邀请我住到他家，亲自开车在酒店接我，晚上和他家人共进晚餐，第二天一块驱车前往曼彻斯特大学，拜见了校长、常务副校长等关键人物，参观了其博物馆和其他重要资源。除朋友相聚外，了解了过去一些不稳定的起因。坦诚而言，确实如我所料，很多问题起源于文化、领导心智和风格，包括他自己的离职，因而也能理解他在作为利物浦常务副校长时在对待西浦的一些行为或做法。但这些现象引起我的深思是，尽管西浦已经走出一条有目共睹的被他们称之为奇迹般的发展之路，作为朋友和对我及西浦最为了解的Patrick（有些可能是因其职务和岗位角色不得不为之）尚且如此，那其他利物浦的校领导该如何看待西浦的发展和我？即使我们都有办好西浦的愿望，也会在目标、途径、战略、做法上产生差异。

因此，为保障西浦发展的长治久安，还必须在适当的时机完成上述提升西浦治理的第二策略和第三策略，即将苏州工业园区或苏州市政府在不影响西浦学术自治和自由的条件下引入股东会与董事会；另外，在适当阶段选聘具有教育情怀和视野的专家或战略家作为独立董事进入董事会。

制约西浦发展的另一个重要因素是非营利组织纳税人地位的争取。尽管西浦股东们已经修改章程，从法理上确立了西浦的非营利组织性质，民营办学条例也明确区分了营利性和非营利性学校，但因中国组织法和税法等改革不配套，西浦年度运营如果有结余，即使所有结余将进一步投入到教育和研究中去，仍必须缴纳25%的所得税。而西浦要获得免税资格，必须通过财政部按照国内一般组织实践制定的9个认证条件。很遗憾，西浦满足8条，唯一不满足的是西浦的人均工资高于当地平均工资的两倍。如果要满足低于当地平均工资两倍，中外合作办学将无法招到国际高水平人才；如果不满足，即使为了教育事业，同意将来把所有积累的资产归社会，在国家没有财政和纳税人补贴的情况下，也需缴纳所得税。坦率地讲，这无论是从理论上还是实践上都有失公允。各级政府也知道不合理，并努力帮助协调和解决此事，但到此时为止，这依然是一个影响西浦未来的棘手问题，既影响苏州工业园区的债转股，也严重制约西浦的未来发展。我们希望国家政策能尽快协调，也希望能得到有关部门的正视。

最后，作为以民营机制运作的非营利高水平大学，在没有政府强大的财力补贴下，必须解决自身的长期财务支持。西浦虽然在政府批准下成立了非营利性非公募基金会，而且从早期1 000万元人民币注册资金起步，数年间迅速发展到3个亿的总盘子。但对西浦这样定位极高的国际大学，其资金量是远远不够的。加上西浦是一所非常年轻的学校，其校友刚刚步入市场，尚未到巨额捐款期，所以西浦必须建立新的机制来快速扩充其基金会的资金总额，以确保长期可持续发展。为此，我在西浦创业家学院机制设计过程，试图通过西浦教育发展基金会代持各行业学院校园公司股份，一方面有利于行业学院校园公司税收；另一方面如果有部分公司发展成功，甚至上市，西浦教育发展基金会规模会快速增长，因为西浦行业学院校园公司会配合各学院培养行业精英人才、探索未来行业发展方案、嫁接学院与行业母公司及联盟间的互动合作、商业化行业学院的技术成果、推广和普及新商业模式、投资新技术和新机会等业务，所以这些公司股权升值空间很大，换句话说，如果一切顺利，西浦教育发展基金会总规模快速强大指日可待，将会成为西浦事业长期发展的强大后盾。

回顾西浦治理重建这段经历，我感慨万千。我经常告诫自己，你很难做到让大家都喜欢你，但你必须做到，即使不喜欢你的人在考虑放弃你的时候也会因为将失去你的贡献或价值而痛心。对于一份事业发展来讲，在这个充满 UACC 的涌现（emerging）时代，要随时注意拥抱黑天鹅！因为我将西浦发展视作我生命的一部分，所以如何使西浦有能力迎接未来的挑战常常是盘旋在我脑海的大大的问号，也是我持续创新的动力源泉！

第七章

更 高 更 远

再忙，也应抽空静思，哪怕是在熙熙攘攘的人群里或繁忙的事务中！放空内心，遥望苍穹，在与时空、人及自然的对话中不断更新和升级自我！

——席酉民

在西浦治理逐步稳定后，我有更多的时间仰望苍穹，与自己和天空对话，静思西浦未来。网上有一段采访我的文字，可以说比较准确地记录了我此时的心情和状态，尽管作者写的是 10 年前的我："2005 年，属鸡的席酉民迎来了自己 48 岁的本命年，纵观他这 48 年的奋斗，可以说，他一直在向他的人生目标前进。假如人生到此停顿，也将不失为一个圆满的结局。但席酉民不这么看，正如他在其著作《管理之道——仙人掌集》'人生能有几个波'一文中所言：'无论做人还是做事，想要长盛不衰是不容易的，顶峰总是与衰退相伴随，就像爬山一样，到顶后就没有再往上爬的地方了，只有下山。要想摆脱这一命运，最好的办法就是不要让人或事发展到最高峰。只有这样人为地破坏生命周期，才能使你或你的事业之树常青。就科学研究来说，在某一领域达到顶峰难以前进时，应适时进行转向或拓宽领域开展新的探索，否则就会止步不前，沦为落后。'所以，今天席酉民选择的绝对不会是夕阳无限好的下坡，一定是追寻另一座高峰的兴奋和执着。"从文中不难看出，人生和事业发展都有生命周期，但要想长期兴盛不衰，需及时升级，以步入新的发展循环。我 50 岁走出公立体系选择西浦是一次跳跃，60 岁开启西浦新布局又是一次重大升级！

西浦走过了辉煌的第一个 10 年，成为规模最大的国际合作大学，被誉为中外合作大学的典范，中国高等教育改革的先锋。展望未来，西浦的下一个波或下下一个波又是什么？或者说西浦的 2.0、3.0 又是什么？

作为西浦的开创者和现任领导，虽不能主宰西浦的未来，但至少要为未来作出必要的谋划。根据我们对西浦发展现状的分析和未来世界预期，如无外部环境或世界局势灾难性的巨变，可以比较确信的是，西浦将为未来世界的教育作出如下的贡献。

（1）提供一种创新型的国际化专业化精英教育模式（国际化、素养教育、行业背景、研究导向、生态社区）。

（2）创造一种融合式教育的新模式，成为教育探索的领导者。

（3）为未来教育提供一种大学、教育、校园的新概念和样本。

（4）通过针对未来社会发展的关键命题开展若干社会实验，从而使西浦超越传统大学概念，更融入社会，成为经济和社会发展和文明提升的催化平台。

（5）借助西浦的教育探索，把西浦建设成为国内外有影响的先进教育理念和实践的传播平台（ILEAD@XJTLU）。

一、西浦 1.0 小结

西浦的发展使命是：整合全球资源和东西方最优教育实践，探索适合未来的教育；探索适应全球化和网络化环境下的大学组织运行体系；探索新型大学与社会互动模式；通过以上探索影响中国教育变革和世界高教发展。

10年后，我们交出了第一份答卷，可称之为西浦发展1.0。

（1）针对传统的以专业精英为目标的教育模式，我们进行了大胆创新，首先，在知识爆炸、网络化扩散和学知识日益便捷的年代，在教育理念上颠覆了大学教知识的定位，而把学生健康成长作为教育的目标，从教知识转变为通过学习知识促进学生健康成长。其次，我们全方位帮助学生实现三个维度九个方面的转变：从孩子到年轻成人再到世界公民，从被动学习到主动学习再到研究导向型的学习；从盲目学习到兴趣导向驱动性学习再到重视人生规划。第三，我们构建了以学生为中心和以学习为中心的教育及支撑体系，帮学生理解自己和未来从而形成以兴趣为导向的学习。全面倡导学生研究型学习，教师研究型教学，教职人员研究型工作，三者相互影响和促进，以实现持续创新的有效机制，帮学生学会学习、学会探索，树立梦想并铸就追梦的翅膀。第四，在教学模式上，我们既吸纳了美式教育的灵活性，又采用了英式教育的严格质量监控体系，再融入了中国和苏联教育的重基础优点，综合打造出西浦国际化教育新模式。第五，建立了国际化的师资团队、柔性的支持系统，在以上种种理念和模式的引导、支持下，最终实现校内外良性互动与合作，塑造出国际化的、开放的、优良的"自然、知识和社会三级生态系统"共生的校园文化和教育环境。

（2）在知识组织运营体系方面，德鲁克先生曾指出：21 世纪人类将面临如何改进知识工作者和知识组织效率的挑战。我们以西浦为平台，探索和试验了基于互联网支持的扁平化、网络化的组织运营体系，强调角色、工作主动性和非正式合作，提倡研究型工作和持续创新，使正式组织更具有柔性和快速应变能力，并形成了相应的组织体系和校园文化。

（3）在大学和社会关系上，我们不仅建设了无围墙校园，更注意消除社会上普遍存在的心理上的围墙，强调共享和共生的逻辑，提倡和构建了自然、知识和社会三级的大学生态体系，视大学为社会生态的子系统，发挥其智力、知识、创新的传媒作用，力促大学与社会的双向合作与资源共享，如与政府、企业合作共建了研究院、国际创新港和国际技术转移平台等，促使大学走向社会，社会融入大学。

（4）在影响中国教育改革和世界教育发展方面，与国家教育行政学院合作，创建了西浦教育与领导力前沿研究院（Institute of Leadership and Education Advanced Development，ILEAD），进行教育及其领导力研究，收集全球最优实践，在西浦开展教育探索和实验，然后向国家提出教育变革政策建议，通过学术会议、理论和著作、各类培训项目、全国教学创新大赛、组建高校教师发展中心联盟等方式,向其他高校和教育系统传播教育新思想、新理论、新技术和新实践。到目前为止，每年有上百所高校、上千教育领导者、管理者、教师和支撑人员已参与到西浦的教育创新推广活动中！

二、西浦2.0布局

展望未来10年，西浦将开启其建设的新阶段，在进一步强化其国际化特色以及深化其教育、研究、社会服务等基本功能的基础上，在战略上将有重大新布局，可简称为西浦2.0。

（1）在继续深化和完善已初步建立的国际化专业精英培养模式和已有的教育创新的基础上，针对网络化、数字化、人工智能和机器人的新挑战，瞄准能够利用人工智能和机器人发展未来新行业的人才特征，探索融合式教育（Syntegrative Education，SE），旨在培养未来的行业精英和业界领袖，为西浦学生提供专业精英和行业精英两种不同的培养模式和职业通道。

（2）在完善网络化平台式大学组织架构和运行体系的基础上，通过与地方政府和企业界合作，建设"西浦创业家学院"及一个新校园，探索未来高等教育和大学及其校园的新形态，进行未来教育和大学的实验及示范，为未来高等教育和校园建设探路和提供西浦方案。

（3）在大学与社会互动关系上，将在原来开放合作的基础上，通过大学智力资源和国际知识网络，撬动社会资源，促进创新生态和现代化绿色社会建设。具体讲，与国开行、苏州市合作建设"西浦新时代开发研究院"以及西浦国际化高端智库，进一步加强与地方政府合作，利用学校智力资源和全球知识网络，发挥大学的催化剂作用，探索国家"一带一路"倡议、中国梦以及新时代现代化社会中的理论与实践问题，为国家和社会发展提供西浦方案，而且西浦将不止步于理论和智库研究，而是更进一步，与国际企业和组织联盟携手，在各级政府支持下，打造数个实验产品，如"国际共同市场区""国际创新生态港"和"现代化绿色社会实验区",促进新时代社会发展和文明。另外,西浦还将积极在政府支持的公共平台、企业研发基地间建立共享合作机制,营造可持续发展和高效能的"创新与创业家社区",以提升政府投资引导效率,强化政产学研互动与共生,以形成多元、共处、共享、碰撞(思想)、合作的创新和产业发展生态。

(4)在影响中国高教改革和世界教育未来发展方面,进一步扩展提升西浦领导力与教育研究和培训基地的功能,使之成为国内外有影响的教育基地。如在西浦 ILEAD 快速发展和成功运行的基础上,进一步整合西浦学术提升中心(Academic Enhance Centre,AEC)和语言中心(Language Centre,LC)培训部等资源,重组和强化了西浦的 ILEAD,利用西浦目前中国唯一国际教育学会(Higher Education Academy,HEA)认证的教师发展项目 [过去是"高等教育职业学习证书"(Certificate in Professional Studies in Learning and Teaching in Higher Education,CPS),现在升级为"高等教育研究生证书"(Postgraduate Certificate in Learning and Teaching in Higher Education,PGcert)] 和国际化教育引领的独特优势,开展教育和教育管理研究生培养,开放西浦 PGcert、EAP(English for Academic Purpose)、EMI(English as Medium of Instruction)、MITS(Management Information,Technology and System)等资源和技术,支持教师发展和教育技术推广,帮助学生获得校园学习和训练的最大价值,在中国日益重视教育的新机遇面前,以形成中国土地上最国际化及强大的教育研究和传播基地,为教育变革、教师提升、教育体系重构、教育领导培训等作出更大贡献!

三、西浦 3.0 遐想

人无远虑,必有近忧。任何事业的发展,亦是如此。

在西浦成功发展 10 年以后，我们提出了西浦 2.0，开启了西浦第二个 10 年的探索进程！但作为西浦的领导者，必须展望下一个 10 年后的发展和挑战，才可使西浦立于世界竞争和创新的潮头！

记得在西浦发展初期，因为我坚持通过发展西浦影响中国和世界教育的战略定位，所以开展了大量兄弟院校间的交流和培训工作，我总是毫不保留地把西浦的实践、体会、经验和教训和盘托出。有的董事开玩笑对我讲，席教授，你最好少讲点，以保持我们的竞争优势。但我认为，首先西浦办学的宗旨之一是影响教育改革和发展，这些交流和培训恰恰是我们履行使命的重要手段。其次，靠保密或保护形成的竞争优势是短期的，只有持续创新，领跑变革，竞争优势才会长久。因此，我们要永远瞄准未来，积极探索，这样不仅有方向正确和路线自信，而且可以确保领先地位，在别人学习和跟上来时，发现我们已经进入新的阶段。第三，要敢于突破和大胆创新，创造自己的独特性，不要简单效仿。有不少兄弟单位总是说，有些事你们可以做，我们无法行。他们说出了一部分事实，但也不尽然，只要努力和敢于创新，他们在自己的环境里照样可以做很多事情，就怕心里想着没法做，连想法都放弃了，我撰文称之为心理放弃。还有同行告诉我，你们的经验无法学，我也不认同。因为大学面临的问题可分为体制问题、管理问题和技术问题三个层次，我们和公立大学在体制上是有一些差异，但就管理问题和技术问题，西浦做法和经验完全可以学习，当然不是简单拷贝，而是在其情景下有创造性地应用。即使对于体制问题，有责任感和担当的教育工作者也不应等着体制变化后再行跟进，因为体制问题的改进需要时间，即使在现行体制下依然有很大空间，可以大胆实践，然后你会发现体制会因为优秀的实践而在慢慢演化和改进。我在西交大任管理学院院长时的大胆改革，为后来西交大管院较长期的辉煌发展奠定了基础，那是在 20 世纪 90 年代那个远不如今的体制环境下进行的，而且是在一个二级单位中完成的，可想难度多大，但只要你乐于和敢于尝试，一定会有探索空间，发展也会有一番新天地。包括我后来作为西交大副校长在后勤社会化、教育拓展等方面进行了一系列大胆的成功改革，都是在改革开放还很不成熟的体制内进行的。

要有长远的事业，持续创新、敢于颠覆、大胆超越应该成为一种习惯。正如很多成功的企业那样，生产一代、准备一代、研发新一代，这样才可以保证其发展不等到走进生命周期衰落之前，就转型到一个新的生命周期的上升阶段，这样便可不断享受事业的成长和高速发展波段。

对于西浦来讲，已启动的 2.0，将全面开始"融合式教育模式"的探索，旨在适应信息爆炸、知识获取日益便捷性的环境，应对未来社会人工智能和机器人逐步取代大量职位、改造提升许多传统行业、创造众多全新行业的挑战，顺应职业日益碎片化或短期化、休闲时间增多、生活新需求多样化及高端化的趋势，抓住老龄化、物联网、机器人、全球化、中国经济社会转型的机遇，满足未来人才在素养和能力上的独特需求（如知识融合、创新创业、综合能力、智能智慧、变革管理、国际视野、跨文化领导力等）。融合式教育（SE）的工业企业定制化教育（SE-IETE），将会扩展国际化专业性精英教育的行业素养和综合能力；西浦创业家学院（SE-EC），将以"校、企、产业、社会"融合，"学、研、训、创、产"融合，"通识教育、专业教育、行业教育、创业领导教育"融合的全新模式和学校产业及社会混合式新型校园环境来培养国际化高端行业精英，并孕育未来的业界领袖（从行业精英中冒出来）；其三是探索启动与地方政府和产业联盟合作，营造利于融合型精英培养和创业的"创新与创业社区（SE-IEC），同时为未来的大学新形态——品牌理念指导下、知识和技术网络支持的、分布式的、主题性终身学习和创新中心做准备。

目前，国际上还没有这种系统化的融合式教育模式，虽然不乏个别环节的尝试，比方说为加强学生行业实习的"三明治式"短期休学实践等，但仍旧是碎片化的。西浦试图在已有的国际化专业精英教育体系的基础上，同时开发出这种国际化行业精英的融合式教育培养模式，并针对未来社会几大战略议题，启动几场社会实验。

可以预见，10 年后，西浦苏州工业园区校区已经成熟，达到 15 000

学生容量，包括 20% ～ 30% 国际留学生、20% ～ 30% 研究生。再经"深度国际化、强化通识教育、变革教学策略、通过 IETE 提升学生行业素养和训练、更进一步提升校园环境生态化"的助力，国际化专业精英培养模式会更具竞争力和引领作用，科学研究、校企互动、国际合作将进一步蓬勃开展。创业家学院（太仓）也达到规划的 6 000 左右学生规模，并以一种全新的教育理念、办学模式、大学概念、校园形态展示在世人面前。与此同时，每年将有 3 000 左右的学生游学在利物浦和世界名校中。也许届时还有数个西浦的社会实验区也在中国和世界不同地区涌现。如果能够成功地实现这个目标，在未来教育领域，西浦就会成为一个领导者，我们有这种自信。

遐想西浦 3.0，除了两种不同的教育模式日渐成熟、西浦以一种全新的大学概念和模式融入世界教育版图外，西浦 2.0 时代开启的智库建设和社会实验会使西浦更加融合于社会生态之中。西浦将以"新时代发展研究院""西浦智库""西浦和谐管理研究中心""西浦国际创新港""西浦国家技术转移中心""西浦创业家学院"等为平台，针对中国梦和未来世界发展的关键问题，开展"人类命运共同体、国际化创新生态、现代化绿色社会、区域经济社会转型升级"四个方面的战略研究和政策分析。并通过"学校驱动、政府支持、产业联盟、市场运行"机制，合作建设和深化运行"创新与创业社区""国际共同市场区""现代化绿色社会试验区"等分布在国内外不同地域的实验，以使研究成果落地，为新时代社会发展提供西浦方案和示范基地。与此同时，我们会将融合教育与这些实验基地融合，使终身学习和创新创业成为其基本功能之一，从而使每个主题社区成为一种面向社会开放的学习和创新创业中心，以探索新时代教育和大学与社会共生的新机制。图 7.1 显示了我们对大学发展阶段和未来大学概念和形态的理解。

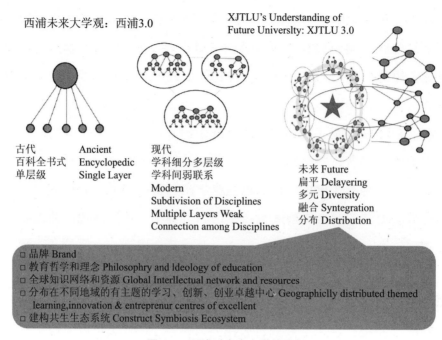

西浦未来大学观：西浦3.0　　　　XJTLU's Understanding of Future Universlty: XJTLU 3.0

古代
百科全书式　　Ancient
单层级　　　　Encyclopedic
　　　　　　　Single Layer

现代　　　　　Modern
学科细分多层级　Subdivision of Disciplines
学科间弱联系　Multiple Layers Weak
　　　　　　　Connection among Disciplines

未来 Future
扁平 Delayering
多元 Diversity
融合 Syntegration
分布 Distribution

□ 品牌 Brand
□ 教育哲学和理念 Philosophry and Ideology of education
□ 全球知识网络和资源 Global Interllectual network and resources
□ 分布在不同地域的有主题的学习、创新、创业卓越中心 Geographiclly distributed themed learning,innovation & entreprenur centres of excellent
□ 建构共生生态系统 Construct Symbiosis Ecosystem

图 7.1　西浦对未来大学的设想

实际上，以教育变革为使命的西浦，在其探索蓝图里，还有基础教育和除专业、行业两类精英以外的其他人的高等教育问题。西浦已于 2015 年通过收购成立了西浦附属学校，旨在探索困扰着中国家长和社会的基础教育问题的解决方案，到目前为止，探索和进展顺利，已经可以作为 ILEAD 的基础教育基地，提升基础教育领导力和变革。到了西浦 3.0，西浦附校系必然会得以扩展，影响力会进一步加强。对于占绝大多数的成人高等教育，按照我的理念，在未来会真正形成开环教育，即基础教育阶段，人们已经获得生存的必要知识和学习能力。进入高等教育年龄，每个人可根据自己的兴趣爱好进行学习安排，可进入高校或未来某高校的学习创新创业中心，为实现自己的兴趣追求有针对性地选学有关课程，并在一些创新工场或创业港进行试验或寻求指导或帮助，既实现了自己的兴趣追求，还可能因把兴趣发展到极致而拓展出自己的一份事业。不仅自己可以按兴趣幸福生活，还造福社会。西浦的创业家学院即是按照这种概念设计的，所以等西浦 3.0 时代，西浦两个校区便可以为这种新时代的学习提供场所和环境，同时西浦在一些地方发展起来的社会实验社区也会成为不同主题的学习与创新创业社区，从而构筑出西浦网络化、分布式的大学新形态。另外，西浦也许会与一些职业性大学合作或收购建立更多的这种终生兴趣追求和学习的学校或中心，进而发展出这类教育的样板。

西浦 3.0 似乎很遥远，但我们已经在路上！

四、西浦：教育黄埔

在过去的 12 年里，我们学到了很多。最关键的是为自己确立了明确的愿景和使命，并通过正确的定位，形成了可支撑西浦长期持续发展的商业模式。我们尊重文化的多样性，根据东方整体哲学（和而不同）的理念，建立了一个支持该战略实施的体系。我们打造了独特的国际文化氛围，全面提倡研究导向型的教学与工作方法论，坚守持续创新的理念和实践。我们勇于突破传统障碍，也学会了在动荡的环境中全身心地专注于我们的教育探索。

这 12 年来的快速发展，一方面得益于世界经济全球化对于高等教育改革与创新的必然要求及所赋予的机遇，另一方面也源自西浦自身对于未来教育发展的准确定位和全新的大学管理理念。

2018 年中，我受邀在江苏省教育厅党组"习近平教育思想与江苏教育现代化"系列学习座谈会上做了"敢于成为领导者：新时代中外合作办学的使命"的发言，指出：全球化、构建人类命运共同体的概念被频繁提及、不断深化，一方面是全球经济社会发展的必然趋势，另一方面也是中国对全球人类共命运的深入思考。但在全球动荡的大背景下，中国如何通过深化改革提升自身、在复杂多变的世界格局中发挥大国作用？习近平总书记选用了"中国梦"来破题，并以此构建了中国改革发展的"两个百年"的战略目标，即中国共产党成立一百年时，实现全面建成小康社会；中华人民共和国成立一百年时，建成富强、民主、文明、和谐的社会主义现代化国家。在这种大格局和背景下，肩负着人才培养、研究、社会服务和新文化引领的高教领域的一分子，如何扮演好自己的角色？如何促进中国的崛起和大国作用的发挥？如何成为国际玩家和世界教育事业的领导者？

"教育决定着人类的今天，也决定着人类的未来。人类社会需要通过教育不断培养社会需要的人才，需要通过教育来传授已知、更新旧知、开掘新知、探索未知，从而使人们能够更好认识世界和改造世界、更好创造人类的美好未来。"（习近平，《人民日报》2013 年 4 月 22 日）现在，全球化和教育本身特征带来了教育国际化的必然需求，在目前这个充满不确定性、模糊性、复杂性和多变性的互联互通的世界大环境下，高等教育变革势在必行，我们迫切需要抓住这个与世界一流大学站在同一起跑线上进行未来教育探索的千载难逢的机会，以国际化助推中国教育改革与发展，以融合创新引领新时代的教育。

改革开放以来，中国高等教育迅速从精英教育发展到大众化教育并快速转向普及教育，但其教育理念、教学方法、管理体系等方面未能及时跟上转型和时代的发展，面临严重的挑战，例如：首先，从精英教育转化到大众化教育，大学的各项功能定位和管理理念如何随之调整？第二，从计划经济过渡到市场机制，大学治理体制和资源配置方式怎样改变？第三，从传统的官僚机械组织转变成为网络化环境下的知识组织，大学的管理体系和组织方式如何转型？第四，大学功能从原来的知识传播转向更为贴合时代的全新功能的建立，育人模式和教育流程怎样变革？第五，大学的书斋式教育正在转向更为实用主义的教育，大学人文精神与创新文化如何形成？最后，大学的教育环境从相对封闭到日益开放和国际化，如何构建多元化文化共处和国际化的校园环境？变革迫在眉睫。国际化虽给予了我们汲取国际高等教育先进理念和做法的机会，但我们应该清醒，在全球重塑教育的今天，即使世界最先进的教育也已经落后于这个时代的需求，亟须变革，正如哈佛商学院 Christensen 教授所指出的，"如果不变革，未来 15 年内，一半美国大学都会面临破产"。因此，我们应抓住全球反思教育、重塑教学、再定义大学之机，利用中国人擅长的整体思维和包容精神，站在中西方教育发展的经验基础上，大胆融合创新，探索未来教育模式，敢于和争取引领新时代的教育！

西浦应运诞生于这个伟大不安的时代，决心抓住机遇，结合东西方最优教育实践，取其精华，去其糟粕，顺应未来趋势，直面各种挑战，不满足于在中国土地上建设一所高水平的国际化大学，而且大胆创新，希望为未来的教育提供一种方案，并影响中国和世界的教育发展。

在全方位的创新性探索下，西浦发展已得到广泛认同和追捧。西浦成立之初，为践行自己探索教育新模式、推动高教改革、影响世界教育发展的宏伟使命，于 2013 年成立了领导与教育前沿研究院（ILEAD），经 2018 年重组后的 ILEAD 集学位项目提供、学生学习研究与支持、教师发展支持、教育从业者专业能力和领导力研修、教育创新全球社群运作与未来大学研究为一体的综合性教育机构，试图成为中国土地上最国际化、最大、最全面的教育研究和传播基地，换句话说，教育界的黄埔。

具体讲，ILEAD 目前共有七个方面的业务。

一是开展前沿的领导与教育研究。即积极开展教育和管理的跨学科研究，主要研究方向包括未来大学及教育管理（教育领导力、教育变革、教育国际化以及大学治理）等方面，通过研究，力争在理论上有原始创新，对中国和世界的教育实践有所启发。

二是打造教育创新的全球化社群。社群活动如西浦正在组织的高校教师发展中心联盟是探讨和促进高教改革创新的生态平台，其目标是在高等教育面临根本性变革的时代，聚集对教育改革创新感兴趣、有想法和肯实践的人士，凝聚变革共识，探讨变革路径，分享变革经验，达成变革合作。ILEAD 每年举办一场大型活动（高等教育创新年会），截至 2018 年底成功举办三届，每届分别聚焦一个高等教育改革创新的核心话题，如 2016 年首届年会主题为"未来大学"，2017 年为"重塑本科教育：构建以学生为中心的大学体系"，2018 年为"开展研究导向型教育，提升学生创新创业精神"（图 7.2）。

图 7.2　2018 年第三届高等教育创新年会，共有来自理论和实践界的 350 多人参会

　　此外，ILEAD 还每年定期在全国各地举办若干场西浦教育论坛（图 7.3、图 7.4），聚焦互联网和人工智能时代的教育教学改革和创新。

图 7.3　西浦联合西南交通大学在四川峨眉举办教学创新论坛，共 250 多人参会

和谐心智

鲜为人知的西浦管理故事

图 7.4 西浦联合吉林大学在长春举办教学创新论坛，共 200 人参会

　　西浦全国大学教学创新大赛是当前 ILEAD 举办的旗舰社群活动，已经在国内形成广泛的影响力，大赛以"通过教学创新，让学生受益"为核心理念，努力打造教学创新者的家园，致力于提升有创新实践的老师的个人影响力，帮助参与者迭代创新实践，通过打造专业的比赛为所有参与者提供极致的参赛体验。从 2016 年开始举办第一届比赛至今，已有超过 150 所院校的 854 名教师参与其中（图 7.5）。从 2018 年起增加教育创新者大会，致力于打造教学创新高手之间过招的舞台，以创新的方式讨论创新的话题，影响深远（图 7.6）。四届大赛大众投票环节更是吸引 1 200 万人次浏览，75 万人次投票，社会影响广泛。

　　三是通过研修与咨询提升教育从业者的专业性和领导力。ILEAD 负责本校的教师发展，如针对西浦老师的学习与教学课程（硕士层面）。ILEAD 和该项目是国际高等教育学会（HEA）在中国认证的唯一的机构和教师职业资格证书项目，西浦已拥有 100 多名 HEA 会士（Fellow）和高级会士（Senior Fellow），并将对其他大学老师开放该项目，以助益整个高等教育行业从业者的职业发展、提升其专业能力和终身学习能力。

图 7.5　2018 年第三届西浦全国大学教学创新大赛决赛现场

图 7.6　第一届教育创新者大会在云南大理举行

　　ILEAD 还开发了一系列针对其他大学从业者的研修项目，以帮助高校推进教育教学改革创新。已开展的教育从业者培训项目包括教育领导力卓越计划、任课教师研究导向型教学研修项目、高校教学管理研修项目、高校学生工作研修项目、中外合作办学可持续性发展研修项目、高校任课教师教学专业能力发展项目、大学英语教师学术英语教学研修项目、双语教学研修项目，以及针对基础教育从业者的中小学校长领导力发展项目、基础教育国际化研修项目、基础教育英语教师培训项目等。

　　截至 2018 年 12 月，共有超过 300 所院校的 4 000 多人深度参与 ILEAD 各类培训项目；为 50 多所高校定制管理团队和教职员工培训项目；连续 9 年举办教育领导力卓越计划，共有 92 所高校的 260 名管理者参与，值得一提的是，一些高校书记和校长带队，把其十九大精神学习或领导干部和骨干教师培训办到了西浦（图 7.7）；有学校和西浦签订长期合作协议，把干部培训定点放在西浦；有很多学校在参与西浦的研修活动后，已经把这些活动倡导的理念和分享的实践落实到自身的改革和发展实践中，现在走到很多合作学校，都可以看到西浦的影子。

图 7.7　山西师范大学第三期骨干教师西浦培训

四是通过评估促进教育机构和个人的认知和发展。目前主要有评估项目两个：第一，"以学生为中心"的高校育人质量评估，衡量一所大学支持学生学习和成长的程度以及给学生带来的增值，进而反映这所学校的育人质量。因此，以"学生为中心"的育人质量评估体系并不是简单的对高校资源投入、声望排名或科研成果等方面做量化评估和比较，而是通过多种调查方式获取评价大学育人质量（学生在大学的收获）的重要过程性数据，最终目标指向"促进学校变革服务学生成长"。ILEAD 双一流高校教学质量排名在 2018 年首次发布，引发广泛讨论，得到教育部、各双一流高校及高教界人士的关注。第二，中小学校长领导力评估体系。当前，全球基础教育正处在深刻变革之中，校长是推动改革的关键力量，如何才能提升中小学校长的变革领导力是当前推进基础教育改革的一大挑战。本项目即通过评估促进校长的领导力，最终推动学校和更大范围的教育改革。我们的中小学校长领导力评估体系通过整合教育、管理和评估方面的理论，基于中小学校长的实际情况，开发了从教育素养、管理能力、变革领导力、信息化能力和国际化能力五个维度来评估中小学校长领导力的模型。

五是促进学生的研究导向型学习。为帮学生尽快转变学习行为，ILEAD 组织西浦学生开展"研究导向型教育"的竞赛，帮助学生理解什么样的学习更有利于其成长，更能实现在校学习的价值，同时从学生端为研究导向型教学提供启示；另外，还开发了学生学习发展项目，鼓励学生采用"研究导向型"的方式学习，以有趣的问题驱动，激发学生关注社会实际问题和跨学科训练，启迪学生的好奇心以释放其学习动力和潜力，训练其批判性思维以激发创造力，丰富他们的综合技能，提升学生对自我和学习的认知，并建立终身的自主学习能力。

六是开展西浦教育管理学位项目。包括西浦融合式教育的工业企业定制培养项目（IETE），全球教育和语言教育硕士项目，教育管理的博士学位项目。这些硕士和博士学位项目均颁发教育部认可的利物浦大学学位证书和西浦的证书。

七是提供互联网时代智能化学习解决方案。ILEAD 有一支专门的教育技术开发和支持团队，负责设计、维护、开发全校的教学新技术，团队工作包括 Moodle 学习管理系统的维护和升级，能够将新技术和技术工具融入 Moodle 的"研究和开发"方法，以及支持教师把这些技术融入他们的教学中。西浦当前的在线学习系统除了支持学生和教师之间的互动外，还支持大课堂学生提问活动、大型在线学生互评等学习行为。西浦下一步将通过创业家学院向社会开放其学习超市（Learning Mall）和在线教育资源。

2013 年成立至今，ILEAD 已经发展成为国内教育创新的重要推动者，影响力遍布全国，现正在强化国际合作和扩展其国际影响力。

五、助推中国教育变革

西浦 1.0 的发展逐渐得到学生、家长、社会各界和国内外同行的高度认可，在西浦开启 2.0 将走向更高更远之际，恰逢中国上下开启"以本为本"的教育变革新时期。2018 年 12 月 19 日到 20 日，作为教育专家的教育部高等教育司司长吴岩、副司长徐青森一行赴西浦调研（图 7.8），并在西浦召开教育部经济管理类教指委主任联席会议。从听取报告、参观校园到体验真实的西浦课堂后，西浦的"不一样"，给司长们留下了深刻的印象，与会者们也纷纷表示震撼。吴司长说："这是一所 excellent university（优秀的大学）。""你们有非常好的 Dream（梦想），而且这个 Dream 部分地实现了，你们确实是一所不一样的大学。"

吴司长说：在今年 9 月颁布的《教育部关于加快建设高水平本科教育，全面提高人才培养能力的意见》中，强调了"建设高水平本科教育"的五大基本原则，其中有三项分别是"坚持学生中心，全面发展""坚持服务需求，成效导向""坚持完善机制，持续改进"。"你们做的很多事，跟我们的理念很契合。""第一，我们倡导'学生中心（student-centred）'。'学生中心'不是围绕学生转，而是以学生发展为中心。你们这儿都有了，都是（围绕着）我们所说的'学生发展'。""第二，我们讲的'OBE（outcome based education，成效导向）'的理念，在你们这儿也看到了。特别是你们既有内部质量保证体系，还有外部质量保证体系。"吴司长还特别强调了第三点"CQI（continuous quality improvement，持续质量改进）"的重要性。"在这里我看到了IQA（内部质量保证体系）的六个要素：机构、人员、标准、周期性的监测、反馈、持续改进。""这六点是一所大学的质量保障体系、质量文化的要素，我在西浦都看到了。"

图7.8　教育部高教司司长吴岩（右五）和副司长徐青森（左四）一行考察西浦

吴司长透露，他曾自称家长，两度"微服私访"过西浦，在听完我做的题为"敢于成为领导者：西浦的梦想和探索"的报告和其他老师的汇报后，对"熟悉"的西浦他立刻脱口而出，"刚才我听到了12个词：leader（领导者）、dream（梦想）、idea（教育理念）、philosophy（教育哲学）、logic（教育逻辑）、innovation（创新）、IQA（内部质量保证体系）、diversity（多元）、elite（精英）、self-confidence（自信）、teaching and learning（教与学）和training（教师培训）。"

他接着说，"我总结了三个词：past（过去）、now（现在）、future（未来）。我听到很多你们过去做过的事，有些是你们正在做的事，还有些是未来想要做的。""成为 leader（领导者），西浦还得努力，领导者是要'影响'别人，不只是'领先'别人。"吴司长指出，"我特别希望你们能把这些理念在未来落地。""办学校是天大的事业，看得出西浦是在用心办学！"

在参观西浦校园时，吴岩司长对其中蕴含的校园文化深表认可："现在很多建筑只是漂亮，但是没有文化寓意。西浦的建筑里不仅有文化理念，还有教育理念。"

获得认同是对我们探索的肯定，也是西浦更进一步实现影响中国教育改革和世界教育发展使命的基础。在国家把振兴本科教育作为高等教育改革的首要战略，如何办好本科教育已经成为教育部及各级教育主管部门和高校的头等大事之际，西浦试图通过 ILEAD 以五大路径助推中国教育变革。第一，搭建改革热点话题深度研讨的前沿阵地。ILEAD 每年举办一届高等教育创新年会，聚集对教育改革和振兴本科教育感兴趣、有想法和肯实践的高校管理者与教师及国际专家，深入探讨教育改革和创新的前沿话题，以凝聚共识，共创未来。第二，以西浦全国大学教学创新大赛搭建发掘和推广优秀课程及教学创新案例的开放平台。该赛事已经在高校老师间形成了广泛的影响力，激励着个体老师不断关注和改进自身教学。第三，通过高校教师发展中心可持续发展联盟打造高校教师队伍建设能力的互助社群。希望通过联盟合作，帮助所有成员单位成为有专业人才、有系统项目、有充足资源和有校内教师广泛参与的可持续发展机构。第四，建设教育领导力及教师教学改革和创新能力提升的培训基地。举办研修培训活动提升大学领导和管理能力、教师教学改革和创新能力。第五，开展高校育人体系评估，促进高教回归育人根本。ILEAD 从高校的育人体系质量（育人目标，课堂教学，课外活动，学生成长）出发，针对各高校近年来的教育改革创新方案及实践，采集相关数据进行排名。这一排名的核心理念是促进高校管理者更加重视育人在整个大学办学中的基础性地位，同时更好地引导学生、家长和社会更客观地看待一所大学的育人质量。

然 12 岁的西浦还只是个孩子，处在发育成长过程中。如同司长所言，我们的目标不只是领先，而是影响，试图扮演一个领导者的角色，与同道们共同在这个教育重塑的时代，促进教育根据社会发展趋势和需求，快速变革、健康发展！

总体来说，西浦的尝试是新时代全球化和网络化背景下中国高教羊群中的一只狼，它的诞生、发展、探索既彰显了其挑战世俗的个性，也显示出中国对于当今全球化发展的勇气与信心，国家的快速崛起给予了高等教育工作者大力改革创新的基础和实力，充满想象空间的未来社会赋予了教育工作者创造的空间。西浦到目前为止的成功实践，为西浦树立更高远和宏大的设想奠定了基础，更高更远不只是西浦事业的宏愿，更是社会和世界的需要，我们对未来信心满满。

第八章

融 合 智 慧

独特可以使你卓尔不群，但无价值的独特等于自残；独特需要颠覆性创新，在当今全球化、数字化、互联互通时代，有价值的创新需要交融；如果你能站在东西方智慧的基础上形成融合智慧，你将有机会以鹤立鸡群的姿态翱翔世界。

——席酉民

这是一个无奈的时代，因为我们的传统生活方式在不断被颠覆……

这是一个困惑的时代，因为我们每天不得不与不确定性、复杂性、模糊性、快变性纠缠……

这是一个精彩的时代，颠覆孕育全新的体验，不确定性带来创新的机遇，复杂性提供令人激动的挑战，模糊性保留迂回探索的空间，快变性保持生活的激情，催促我们从新到更新、从好到更好……

我庆幸生活在这个时代，特别是作为教育工作者，在全球反思教育、重塑教学、再定义大学的过程中，在有望引领 21 世纪发展的中国的土地上，在重视教育又被教育煎熬的社会里，有机会通过创建一所国际大学，来探索教育、体验创造的激情！

从 2004 年以中方负责人筹建西浦、2008 年接手直接运营西浦至今，乘风破浪，一路前行，充满了探索的激情，有收获蓬勃发展的喜悦，有与传统观念抗争的刺激，有教育和组织实验的惊奇，有管理和领导难题的破解，有文化冲突和治理体系上的新感悟，更有国际化知识组织驾驭的全新体验……

在从西浦创建和发展背后故事的管理窥探中，摘取几点看法和心得，作为本书的总结。

一、组织信任、事业忠诚

利物浦坚持学术副校长必须 3 年一换，而且是内部推荐，据说是为了保证对利物浦的忠诚。在历任学术副校长中，凡是其忠诚被利物浦质疑者一定难以延续或没有满意的归宿。但我发现，大部分学术副校长工作一段时间后，都更加站在西浦自身事业的发展角度看待两校关系。从理论上讲，这也是应该的，在中国就是所谓的屁股决定脑袋，因为任命你的目的是帮助西浦发展，只有西浦发展了，才会有利于利物浦和西交大。万一两校就有关问题有不同立场时，也应以满足其共同目标——西浦发展为基础进行协商统一。简单的对人的忠诚或某一方的忠诚会违背人及其事业追求的本能。所以真正的忠诚应该是事业忠诚和投入，这才有长期性。

回顾西浦学术副校长的更换史，可以说，历任学术副校长在离任后均未更大限度地融入利物浦的事业发展，用世俗的眼光看可以说没有得到很好的事后安排。这在某种意义上也会影响到副校长的选拔和忠诚度。理论上讲，这些人几年下来积累了东西方环境下带领一个国际大学发展的丰富经验，合理利用之，会给利物浦的事业发展带来一定的价值，如何充分利用是一个值得关注的问题。

第一任 Jeremy Smith 教授（2006—2010 年），在西浦创立过程中全身心投入，可谓忠心耿耿，却被传言对利物浦不忠，在我的坚持下，干到 4 年后离开，回校后在系里负责研究生工作，据利物浦同事讲没有得到必要的工作条件和经费支持，以帮其尽快恢复其学术研究，有点被边缘化的感觉，从外部看似乎未得到公正的对待。

第二任 David Saddler 教授（2010—2014 年），也被传言不够忠诚于利物浦，本来 3 年届满利物浦希望换掉，后他自己想多待几年，与我商议，我告诉他决策权在利物浦，你需直接向利物浦提出要求，后来 Patrick 征求我的意见，在我的同意下获得了一年多延续，最后离开了利物浦，去 Queen Mary University of London 出任国际事务副校长。

第三任 Andy Brown 教授（2014—2017 年），应该讲与利物浦有密切沟通，大事小事均征得利物浦的意见，但也被传言偏爱西浦，离职后回利物浦休息一段时间后，加盟了新西兰一所大学。

第四任 Barry Godfrey 教授（2017—2017 年），2017 年 7 月底加盟，8 月初辞职，9 月离职，在西浦引起了不少风波，据说因此在利物浦也不受待见。

第五任 David Goodman 教授（2017 年至今），临危受命，这是西浦史上第一位非利物浦教授任西浦学术副校长，主要是因为前任突然变故，无时间选出利物浦的接替人，故最初的决策是让 David 作为临时副校长过渡一年，然后再由利物浦选出正式的继任者。而且，为了延续过去的习惯做法，利物浦还改变了 David 的合同主体，从原来的与西浦的合同改为与利物浦的合同，事实上使 David 变成利物浦的人，在工作程序上同时强化了他与利物浦的沟通。

我坚持利物浦必须反思学术副校长的选拔机制，如完全可以全球招聘，然后由利物浦推荐，David 其实已经提供了一个特例，并说明该方案的可操作性。就 David 来说，在 David 本人动议下，后经多方考虑，决定在其任职一年末经考评满意可续任两年，并有一年的可扩展期。David 因年纪大、资历深，到目前为止，善于处理与利物浦的关系，因前期的治理风波、Barry 的突然辞职、Patrick 的离任、西浦的融合式教育和太仓校区建设的启动，对于利物浦来说，如果继续沿用依赖人的忠诚的治理思想，就不得不进一步倚重他的沟通和协调。对西浦和我来说，因他熟悉西浦且富有经验，他的任职对西浦发展的延续性更有保障，唯一的问题是其年纪、资历和个性。因经验丰富、资历深，如果控制不好会形成一定程度上的自负，加上他对中国有较深理解，更为强化其在一些事务上的"自信"，但自信向前一小步就会演变为自负。另外，他脾气急躁，过分自信加急躁便可能引起一些人事上的不愉快案例，如其工作伊始，在处理一些人事关系上确实出现了情况，包括后来与国际商学院院长陈教授的激烈冲突，使得学校不得不启动外部独立调查。考虑到西浦发展特别是一系列重大部署启动的战略期的平稳，我与David不断深入沟通，包括利用中国文化中"理直气和""重话轻说""换位思考"等哲学和智慧共同研讨如何带领西浦持续健康和高速发展。尽管对David这个年纪的人来讲，在行为和习惯上做出改变已经很不容易，控制自己的情绪似乎也很难，但以他的学识、国际经验、人生阅历、东西文化兼备的学术背景、善于学习和通晓事理的造诣，他知道怎样才会更好驾驭高速发展的西浦，我们也欣喜地看到他在半年多时间里的快速变化，至今我们间合作愉快。从某种意义上说，这很有利于西浦第二个10年的战略布局和快速发展。

从这一串人事变动和动因来看，至少有几点值得思考和汲取。

一是如何看待忠诚？我在前边已经提及，当我从西交大换位到利物浦出任其副校长和西浦执行校长后，别人挑战我对谁负责。其实真正稳固和长期的忠诚一定是倾注于对个人未来和向往的事业的追求！既然接受了委任，说明喜欢这份事业，也只有对你所负责的事业忠诚，才是对所委任你的单位的忠诚，因为这份共同打造的事业本身的成功才表示合作的成功，如果只从自身角度考虑问题，即使你很忠诚，但若把事情搞砸了，反过来事实上你才是不忠诚的。所以，在合作中特别是伙伴关系中，一定要克服单边主义及零和博弈，要从内心树立一家人的合作伙伴关系，有整体的成功观，才能真正解决忠诚问题。这种事情一般说起来容易，但实践中确实很难，因为站边是人类生活太习以为常的习惯，好的领导者应该随时警惕防范之。

二是如何稳固忠诚？对忠诚观念的改变还需策略的支持，也就是各方间的真诚、信任和恰当沟通。可以说，从我到西浦任职到后来的关键人员变化和治理失衡，这期间我们有充分的信任和愉快的合作，因而才有了西浦发展史上最黄金的年代。这一历史阶段有过很多关键决策，如重新定位西浦为非营利组织的性质、西浦南校区的建设、西浦的重新定位和商业模式确立、增加新的副校长岗位、与政府的关键合作等，董事会从来不使用投票机制，再多的议题基本上都可在两小时以内顺利结束董事会会议。原因是，凡是重大事项，我基本都在会前与各关键方完成必要沟通。坦率地讲，我和利物浦及西交大的沟通事实上非常有限，基本上都是关于重大决策事务，也很少试图形成个人间的亲密关系，但向来坚守"平等、尊重、坦诚、直率、逻辑"的原则，一开始大家可能还有相互试探心态，但我们管理团队强有力的执行能力，使得说到的、达成共识的事情能够落实到位，这种信任就会逐步建立、加强和稳固。

三是如何确立信任？信任有个人信任、组织信任和文化信任等多个层级，人们最容易倚重个人间的信任，如我认识这个人或和其一道工作过，从而因历史经验产生信任，于是乎可以放心使用，这当然是很有逻辑和道理的。但组织内或组织间，有这种直接接触式的个人信任非常有限，如教授们加盟时如何信任这个学校？他们几乎没有机会接触校领导，甚或了解校领导的为人，个人间的信任无从谈起。此时，更依赖于组织信任或文化信任，从这个学校的过去发展、行为、文化判断其可否信任，这就是组织和文化信任。一个组织的领导如果善于多变、行为缺乏一致性，会把这个单位搅乱，造成大家经常在上司或组织有安排后消极等待而不积极行动，因惧怕你刚行动明天早上领导又变了。在这种氛围和文化的组织中，会明显显现出这样的痕迹，即使你与领导很熟，有直接接触，也无法建立起组织信任，更不用谈文化信任，甚至由于你了解领导的风格，而会加剧组织和文化的不信任。西浦的发展虽然历史很短，但由于我们一直追求愿景共享、使命清晰、战略明确、谋划具体、执行到位，所以在战略上已经有了一批忠诚的追随者，初步形成了组织信任和文化信任；在日常运行上，我们强调言行一致、说到做到和政策的延续性，即使政策需要变化，也会从新一波人或新的周期开始。这样，大家通过一定时段的体验，会形成一种信任感。在西浦，由于我们提倡取于逆俗、大胆突破、颠覆性创新，所以很多动议或概念似乎很独特，不容易被理解，但大家已经形成一种认知，只要西浦提出，时间不长就会变成现实！

四是如何形成组织和制度信任与忠诚？人们对组织的忠诚依赖于其有没有清晰的发展愿景、商业模式有没有未来、符不符合自身的职业追求，组织是否有好的治理结构以保证愿景的实现和组织的长期稳定发展，组织的领导者可否建立起组织和文化信任。因此，要确保员工的忠诚和投入，必须有令人激动的事业、可以预期的成功运行。人们对组织的信任和忠诚源自对组织及其发展的稳定性预期，不仅领导个人要言而有信，更要有清晰的战略目标和执行力，特别是要把这些东西制度化和规范化，并保证严肃执行。久而久之，大家便会形成组织信任，随着时间的延续，就会变成一种行为习惯，慢慢可上升至文化，形成文化信任。在西浦，我们一直注意事业忠诚、组织承诺，如通过愿景的共享，使大家明确在西浦的奋斗方向和自己的未来职业前景，通过持续创新使大家明白西浦在教育探索领域成为领导者的可能以作出自己的贡献并因此受人尊敬，通过制度和体系的建设让大家清楚这些规划和憧憬正在变成现实而更加自信和信任，我们还在制度上通过角色互补，不仅解决运行的可靠性，还会形成竞合机制；以日常性案例研究形成组织的学习机制，推动组织的持续学习和不断提升；通过物理、知识、社会三级生态系统建设使大家更加融入共生的工作和生活环境中以及促进社会发展和进步的过程中，真正践行西浦的理念："成功事业、幸福生活！"

总而言之，真正的忠诚是事业忠诚，真正的信任是制度、组织和文化信任！

二、敢于逆俗、智慧突破

我曾经在我创办的《管理学家》杂志 2013 年第 10 期主编寄语中道出了自己"逆俗生活"的态度，并在自己的微信签名栏里明确言志："浸淫在世俗里，活在理想中，行在从世俗到理想的路上！"后经 David 等朋友帮助，并准备了一个英文版："Deep in the real. But live for the ideal. Move up from the real to ideal. So things maybe not what they seem."

放眼望去，不乏"俗不可耐、俗不可医""庸俗到连自己都瞧不起自己"的感叹，其实他们内心并不甘于此；也有随俗浮沉的淡定者，甘于"白丁俗客、凡夫俗子、凡桃俗李"的坦然；自然也有逃离尘俗而避世绝俗或遗世绝俗者；还有不少愤世嫉俗，呼吁革风易俗的愤青；更有期待移风易俗、匡时济俗的变革者；也不时会爆出惊世骇俗的"异类"。在现实社会里，你顺应世俗，将会拥有一个相对舒适的日子。

"世俗"，一指民间流行的气习；一指平常、凡庸的人。提到世俗，就算目不识丁，大家也顷刻心领神会。其实，世俗是人类生活秩序的来源之一，所谓约定俗成，入国问俗，入乡随俗；世俗也是低成本生活的一种选择，如阿时趋俗，安于故俗，从俗就简。人们的生活自然会受世俗影响，即习俗移性；当然也以自己的行为不断为世俗的发展作出贡献，常因未能免俗而固化之，或因伤风败俗而破坏之。其实，时移俗易，世俗处在一个不断的演化过程中，如时下"世扰俗乱，改俗迁风"之势猛烈。世俗是人类社会的必需品，不可小觑，但不可其极，俗到极点，若把世俗手腕耍弄得太过分，会由世俗走向卑鄙、无耻、市侩，人们一定会厌恶得咬牙切齿。

任何身份、任何职业的人都可以选择世俗，也可以选择超凡脱俗，这是人的自由和权利。顺势从俗容易，而且成本低，有市场；但超凡脱俗则可能别有风景，甚至引领风气，占据未来制高点，播种或塑造新的世俗。正是基于此，若想这边风景独好，不妨试试"逆俗"生活。

逆俗，不是反俗，只是跳跃出常规思维或行为惯性，前瞻地探索新的思维和行为模式，甚至常常反向思维。逆俗者非常清醒时下的俗和势，但更看重未来的势和生存力，也许会以眼下的困难甚至损失换取未来或更长期的发展。逆俗也不是无视今日之利，而是更关注未来趋势，更看重明日之利，更珍视可持续发展的事业模式，特别是在意未来的发展空间。

逆俗，常会逆潮流，乐意改变，推动革新；逆俗者离不开独立思想，自由意志，敢于孤独；所以，他们易成为鹤立鸡群，特立独行，不仅孤独，还常需坚持和抗争，愿意献身进步，甚至被看成现代版的堂·吉诃德。大凡逆俗者不仅需要见识，更需要胆识和智慧，甚至需要一定的资源和条件准备。

逆俗者容易创新，因为真正的创造大都是对原有模式的背离、对社会适应的突破、对民众习惯的挑战。他们不因害怕被误解而放弃行动，不会停下前进的脚步去等待理解。创新需要想象力，但不同想象方式会影响创新的方向，国人惯于用已知现象刻画未知形态，这样的想象总逃不脱已知概念，很难创造没见过的东西。真正的想象力应是一种不靠已知物象的创造过程，如"真有超光速粒子的世界会怎么样？"这种概念上超凡脱俗、无参考系的想象更易于发明和创造。一位德国青年认为，中国人对"创造"的理解有问题："我经常听到有人在看到一个完全创造出来的画或者文章时说，'这是乱画的'或者'乱写的'。其实，只有知识逻辑以外的动作或语言才能发挥知识以外的才能，像计划经济限制能动性一样，有计划的教育约束创造性。"由此可见要跳出世俗的束缚有多难！

时下中国，要想成就些事，常需要逆俗，需要智慧坚持和持续突破，方有可能以卓越成效赢得生存空间，甚或引领未来趋势。我 15 年前写就的这些文字，可以看成我的生活和工作的宣言，从中也可以理解西浦独特定位和宏大布局的逻辑，甚或窥探出我带领西浦发展的心路历程。

反思西浦短短的发展史，为了保证这种超凡脱俗的教育探索长期可持续发展，我还总结提出了图 8.1 所示的五星创新创业模型。

偶尔的成功可以靠运气、机会、天佑或贵人相助，但事业的长期可持续发展则需要这个模型保驾护航。该模型是我从理论研究和西浦的实践中提炼而得，亦即：①事业发展的根本保证是位于核心的远见和可持续发展的模式，它奠定了这个组织有没有未来。有未来的商业模式即使领导和管理不力，也不至于很快毁灭，但没有未来的商业模式，即使有强大的领导和管理能力，也只会延缓死亡的时间；②是大家认可和共享的愿景和使命。商业模式虽好，但没有共识和认可的愿景，也许会浪费机会，在混乱的布朗运动中败北；③是治理结构和相关利益者联盟，有了明确的愿景和使命，但如若缺乏有效的治理和相关利益者联盟，也会是发展道路坎坷，影响愿景的实现，西浦曾经一度治理的失衡就是例证，好在很快得以扭转；④跨文化的领导力以及强大的管理系统，上述条件即使全部具备，软弱无力的领导和管理团队照样可以将美好的事业葬送掉。在很多朝阳产业领域，不少企业蒸蒸日上，但依然可以看到很多企业被淘汰甚或灭亡，根本原因即在于此；⑤是要有周详的战略谋划和成功的战斗准备，特别是对创业而言。上述各方面都很不错，但在发展部署上不周全，只关注长期发展，而不顾及让参与者看到一系列短期成功活动（战斗）带来的希望，两三年后凝聚力将会消失，再久而久之就会土崩瓦解，大家会在重大战略成功到来之前纷纷逃去。要知道，创业过程中，真正愿意同甘苦共命运的知己或伙伴是不多的。所以，即使战略正确，也要用一系列小的成功聚拢人心，让大家看到希望，然后踩着成功的台阶爬向更大的胜利；⑥是长期持续的坚韧努力。没有一项伟大的事业可以一蹴而就，大都是马拉松，需要像唐僧取经一样遭遇九九八十一难。长久的辉煌仰仗于坚韧卓绝的长期奋斗。可以说，这个五星模式既是西浦发展的写照，也是西浦不断努力的方向。

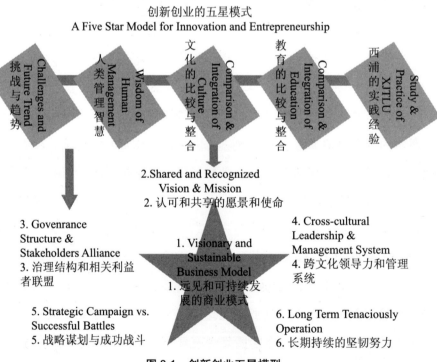

图 8.1　创新创业五星模型

三、未来导向、东西融合

对标（benchmark）一直是管理界惯用的理论，在具体操作上，当然可以向优秀学习，利用人类知识积累和技术发明提高操作效率。但在商业模式和战略上，与风靡一时 No.2 和 No.3 的跟随战略一样，在数字化、网络化和全球化时代的市场日趋一体化面前失去发展空间，简单的跟踪一定会遭遇淘汰。这个时代的逻辑是，创造性地在某个领域做到极致，你就可能拥有绝招，因而会创造价值，于是那些需要你的价值创造的人就会与你合作，然后你可以通过网络和一体化的市场走向世界，充分放大你的价值。因而，跟踪和模仿很快会失去发展空间，这是一个创新的时代、敢于独特的时代、重塑的时代。

基于上述认识，西浦从一开始就决心走一条创新之路，利用教育重塑的机会，敢于独特。因为独特，你一定会在这些领域领先，会走出一条前人没走过的道路，虽然会面临风险和挑战，但有可能收获惊奇，率领潮流！

敢于独特，并非瞎胆大。而是要智慧探索，走出一条有价值的新路。就西浦教育探索而言，我们虽为中外合作办学，有合作母校的国际化大学的模板，但我们并没有简单采取复制的模式，成为外国大学在中国土地上的一个教育中心、一个学院或者一个分校。因为我们清醒地认识到，在这个教育重塑的时代，即使是世界一流大学，他们在很多方面也落后于这个时代。对于新建大学，可以利用后发优势，站在巨人的肩膀上，走出一条超越式的发展道路。但是，战略上或商业模式上应该对准哪里？不应是已有的样板大学，而应是未来趋势和社会需求。这种分析为西浦探索明确了发展的基准，西浦深入分析这个充满了不确定性、模糊性、复杂性和多变性的互联互通的未来世界，及其社会发展趋势和需求，决心抓住这个与世界一流大学站在同一起跑线上进行未来教育探索的千载难逢的机会，整合东西方优秀文化和最优教育实践，争取走出一条面向未来的发展之路，助推中国教育改革与世界高教发展，为未来教育提供方案和样板，以国际化的融合创新引领新时代的教育。

目前，尽管中国高等教育已经迅速从精英教育发展到大众化教育并快速转向普及教育，但其教育理念、教学方法、管理体系等方面未能及时转型和跟上时代的发展，面临严重的挑战，变革迫在眉睫。国际化虽给予了我们汲取国际高等教育先进理念和做法的机会，但我们应该清醒，在全球重塑教育的今天，即使世界上最先进的教育也需变革，正如哈佛商学院 Christensen 教授在 2014 年所指出的，"如果不变革，未来 15 年内，一半美国大学将会面临破产"（Business School，Disrupted，By JERRY USEEM MAY 31，2014）。因此，我们应抓住全球反思教育、重塑教学、再定义大学之机，利用中国人擅长的整体思维和包容精神，站在中西方教育发展的经验基础上，大胆融合创新，探索未来教育新模式，敢于和争取引领新时代的教育！所以纵观西浦发展，未来导向是基础，可以确保西浦探索的方向正确和道路自信；东西融合是策略，可以确保探索的合理性和先进性；持续创新是根本，可以确保西浦发展的长期可持续性和站在潮头的引领地位！

四、和谐心智、赢得未来

我们所处的时代正在发生着前所未有的变化，借助国际化、数字化、网络化之势，人工智能、机器人等一系列丰富多彩的技术正在颠覆着我们习惯的社会和行为，由于网络化沟通传导机制，人类已步入一个公众化时代，范式革命已不再是一个说辞，而正在融入我们的日常生活之中，改变着人类的生存规则。任何人可以在网络上发表自己的观点，同时也接受来自全球各类信息和观点的影响，正如《爆裂》（*Whiplash: How to Survive Our Faster Future*, 2016, Joi Ito and Jeff Howe）一书所述，要在未来生存，必须适应新的生存原则：①涌现优于权威；②拉力优于推力；③指南针优于地图；④风险优于安全；

⑤违抗优于服从；⑥实践优于理论；⑦多样性优于能力；⑧韧性优于力量；⑨系统优于个体。最为本质的是，社会日益由众多小事件和小人物通过无处不在的网络推动，进而演化出超越人们想象甚或控制的现象。要适应这个涌现的、演化的时代，素养、心智、能力、智慧将成为制胜的法宝。

要真正构建出能够赢得未来的复杂心智充满挑战！首先我们需要对未来有尽可能清晰的世界观、认识论和方法论，并基于此形成相应的发展理论；然后，基于此构建出适应未来 UACC 世界的复杂心智。很幸运，我在 30 年前提出了和谐理论，并与团队一道将其扩展为一种问题解决学——和谐管理理论。于 2018 年教师节，结合西浦实践及基于和谐理论的框架，进一步勾勒出一种复杂心智的模式——"和谐心智"，希望以和谐心智，融合人类智慧，闯荡世界，赢得未来。

和谐管理的基本看法是：在本体论意义上，人类的社会组织活动是不确定、多样性从而演化的；在认识论意义上，我们有可能找到某些规律，即适应演化的特定"结构和机制"，发现人为干预的可能性、必要性；在方法论意义上，需要多元范式去"描述、呈现、诠释、反思"，而不是任何"决定论 - 真理论"的猜想。基于此，和谐管理理论提出了一套面对世界和解决问题的理论框架，包括愿景和使命、和谐主题、和则、谐则及和谐耦合五个核心概念。其中愿景和使命是发展的定位和长远目标，一般具有相对稳定性和战略意义；和谐主题是特定时期的阶段性发展目标和要解决的关键问题，随发展可能调整或演变；谐则是通过科学设计和优化降低不确定性的规则和主张，如制度、流程和架构建设等，优化设计是运用谐则的主要手段；和则是通过参与者能动性的诱导演化以应对不确定性的规则和主张，激励机制、工作环境和文化的建设及创新生态的营造是运用和则的主要手段；和谐耦合是根据愿景和使命，在特定的和谐主题下，通过融合和则与谐则共同应对 UACC 的机制和动态调整过程。此外，领导在愿景与和谐主题的确定、和则与谐则的耦合过程中扮演着关键角色。根据和谐管理理论，在 UACC 环境中，当面对特定问题时，应在遵从愿景和使命的基础上，分析特定阶段的和谐主题，并根据和谐主题来构建适当的和则与谐则体系以及耦合方式，并在发展中根据环境和运行情况不断进行动态调整，直到进入下一个和谐主题的"愿景和使命—和谐主题—和则与谐则体系—和谐耦合"的循环。

基于上述理论架构，结合我们对复杂心智模式的总结：演化观 - 系统观，方向感，建构共生系统，融合力 - 平衡力 - 边缘创新力，便可以构造出应对UACC世界的"和谐心智"：①愿景使命导向的系统观和动态演化。系统地、动态地看待事物及其环境和发展，捕捉有意义的变化、有价值的趋势，形成发展定位、基本的商业模式和长期目标，即愿景和使命。②和谐主题思维的方向感。UACC时代，拥有长期稳定的战略已经很奢侈，往往需要通过一系列阶段性核心任务或关键议题或子战略（和谐主题）引导演化，以实现愿景和使命。然而，面对UACC，人们极易被各种杂乱无章、似是而非的信息、眼花缭乱的时尚所左右和吸引，失去方向和自我。所以，在这一演化过程中，围绕愿景和使命的和谐主题思维会确保路线和方向正确。③谐则与和则互动式的共生系统构建。网络时代的逻辑是共享和共生，发展途径是营造可以促进共生的生态系统，从而整合资源，刺激创新和创造价值，再通过网络分享价值。在UACC世界，片面追求"科学"或"人性"都会沦为幼稚甚或陷入死胡同，既见树木又见森林的立体思维习惯以及人文（和则）与科学（谐则）互动的分析能力会帮人们看到"真谛"，整合西方重制度、逻辑、科学的心智特点和东方擅长艺术及模糊和不确定性应对的优势，并根据未来世界趋势以融合和再造，这种和则与谐则并行互动且螺旋式融合提升的能力有助于构建多元共生的系统，从而会孕育出相对竞争优势和过人的视野和智慧。④支撑和谐耦合的融合力与平衡力。清晰的愿景和使命可以防止迷失，和谐主题可以帮助抓住每个阶段发展的核心任务，和则与谐则体系可以支持共生生态体系的构建，但这个多元共生生态体系的维护和驾驭依赖于上述几方面的有机融合和适时调整，即和谐耦合。因此我们需要随时保持战略的清晰（愿景使命导向），工作重心的聚焦（和谐主题思维），对趋势的洞见和对突变或转向的敏锐（和谐主题的调整和漂移），共生系统的营造（根据和谐主题对和则与谐则体系的恰当运用），上述几方面有机耦合的共生生态的维护。但因 UACC 时代知识、资源、需求碎片化的特征，围绕和谐主题利用网络的融合能力，是资源整合、价值创造和分享的必需；背景、文化、目标、行为多元之间的尊重与和谐共处的平衡能力，将成为屹立于这个时代的竞争利器。⑤突破现状、升级和谐的边缘创新力。生态系统的和谐永远是相对的，随环境变化与发展阶段需要不断升级，因此孕育、保护和促进边缘或颠覆性创新（Edge or Disruptive Innovation）的能力，适时促进生态系统不断升级即成为持续发展的最高智慧。

复杂心智很庞杂和深奥，甚至多样，难以把握和一蹴而成，需要长时间的积累和历练，但如果大家理解了和谐管理理论应对 UACC 世界的基本哲学和原理，掌握其驾驭发展的思维框架，就相对容易构建上述的"和谐心智"，从而拥有顺应时代趋势、应对未来挑战的复杂心智，跑赢未来，成就一番富有创造性和社会价值的事业，收获一个更加多彩灿烂的人生。

五、怀揣理想、理性践行

我被公认为理想主义者，在教授很受尊重的时代常被调侃为"你真像个教授"，言下之意是远离现实，异想天开。有学界朋友笑谈，"每次听酉民报告总觉得他是站在月亮上的"。其实这些对我的素描都不够准确，我自认为有理想，但不是理想主义者；我想改变现实，但不是堂·吉诃德。我的理想有草根味，换句话说，如果不突破和坚守，似乎远离实际；但如果愿意付出和努力，其实很接地气。我自定义为是一个"理想主义践行者"，有理想，且在以与常人不同或不落世俗的方式孜孜追求。我曾宣称，"你可以影响我实现梦想的程度，也可能改变我追梦的路径，但你无法改变我的追求，除非你改变了我的想法！"有位与我一道共事 20 余年的同事观察得比较准确，她在接受访谈时说我："他不会硬碰，在其构想遇到不解，或遭受挫折，或暂时难以说服别人的时候，他不是横冲直撞，不管不顾地前行，而似乎是停下来了或者在调整，但过一段时间后你会发现，其设想一直在推进中，只是换了一种形式。"

我的终身伴侣是更好，与生俱来似乎有一种叛逆的精神，总是觉得现实有可以改进的地方。后来学了管理，"只有更好，没有最好"就成了我生活和工作的信条。但"好"是有方向的，否则就无法说好与坏。对我来讲，从和谐理论建立（1985 年）前的下意识，到后来的有意识，这个判定"好"的方向就是我们的人生定位和拥有的价值观、世界观，用学术语言来讲就是愿景和使命，离愿景和使命近就是好。但怎么实现更好？愿景和使命的方向感只提供了指南，我们还需要有"地图"功能那样的现实指导。于是，我们研究总结出基于和谐管理理论的"一个主题两个基本途径"的追求更好的方法论。一个主题是指如果随时随地清晰此阶段此情此景下的工作重心或核心任务，我们就不会迷茫，就可能围绕这个重心使生活和工作好上加好。和谐管理理论中的"和谐主题"概念就是设法描述和发现这个重心，它使得我们在朝向愿景和使命的行进过程中始终清楚当下和下一步我们的脚应该踩在哪儿，我们的时间、资源、精力应该集中在哪儿。两种基本途径分别是：人类知识和经验的总结提供了我们应对面临问题、任务、挑战而走向"更好"的知识、技术和工具，也就是和谐管理理论中的"谐则"；但遗憾的是，我们面临的挑战中总有不少无法用这些知识、技术、工具简单处理，此时必须以我们的能动性、聪明才智、创新精神以及能力和资源创造性地应对，营造释放这种创造性及能动性的环境和体系就是和谐管理理论中"和则"的任务。于是乎，我们就拥有了实现"更好"的科学设计和优化的"谐则"以及产生能动创新的诱导演化的"和则"双机制（基本途径）。其实，我们自身和生存环境远比我们想象的要复杂得多，即使有了愿景和使命、有清晰的和谐主题、有"谐则"与"和则"双机制，我们常常还会遇到很多矛盾、困惑、窘境。也就是说，上述四个方面会因某种变化或不到位而失去协调和制衡，此时必须有一种力

和谐心智

鲜为人知的西浦管理故事

量来帮我们协调以使之达到和谐，这种融合协调的能力和平衡的智慧（和谐管理理论称之为"和谐耦合"）是在线的，即随时随地的、当下的和动态的，也是非常稀缺的，无法简单借来或买来，然而我们每个人均具有，这就是眼下时髦的"领导力"的一部分。自然，更好必然隐含着持续创新，从低层级的好向更高层级的好不断迈进，这就是要有魄力超越当下的好，有远见确定明天的更好，有边缘创新力实现更好！

至此，我们不难理解，为什么人生、事业会多种多样，因其愿景和使命不同；为什么有的成功、有的失败，因其主题把握能力差异；为什么有的成绩大效率高、有的成绩小效率低，因其双机制运用效率不同；为什么同样的事业有的人驾轻就熟而有的人举轻若重，因其和谐耦合或领导力有差异；为什么有人总引领潮头，是因为其善于捕捉机会、抓住拐点、有强大的边缘创新力。上述和谐管理方法论，或和谐心智及其孕育的领导模式和行为模式，可以帮助我们在追求"更好"的路上一直高效、轻松、快乐地行进着。

人生谁能无梦想？但沦落为理想主义或空想主义是可悲的，如果能自嘲后轻松地放下，也可安逸度日，否则会在碌碌无为的自责中痛苦煎熬；既然如此，为什么不冲破障碍，智慧坚守呢？虽然有时很艰难甚或无助，但至少当我们回眸一望时，会为自己轰轰烈烈地走了一遭而自豪；如果我们习得了和谐管理的方法论，就更拥有追求理想、践行更好的利器，便更容易使理想成为现实，哪怕是打了折扣的现实！

"这是最好的时代，这是最坏的时代；这是智慧的时代，这是愚蠢的时代；这是信仰的时期，这是怀疑的时期；这是光明的季节，这是黑暗的季节；这是希望之春，这是失望之冬；人们面前有着各样事物，人们面前一无所有；人们正在直登天堂，人们正在直下地狱。"似乎狄更斯在其《双城记》中已感受到我们目前面临的充满 UACC 的世界，喜欢也好，厌倦也罢，我们都无法逃出 UACC 四维空间，唯有积极行动，将我们的现有心智迅速转变为"和谐心智"，我们将会充分体验和享受这个时代的美好和精彩。

西浦的成功发展源于对未来社会发展趋势的追求以及"勇于突破、敢于创新、乐于探索、善于融合、智慧坚守"的精神。我很庆幸时代赋予我们的机遇和挑战，也骄傲于西浦一步一步的成功行动，不同发展阶段的压力和挑战也带来更大的创新激情和动力，我对西浦的未来充满信心。

期望我们对教育的研究与思考（明道）以及西浦脚踏实地的持续创新（笃行），能够体现西浦校训"博学明道、笃行任事"的承诺，也能对教育重塑时代的高等教育变革贡献绵薄力量。"在路上"的探索难免浅见和不足，我们真诚拥抱各方批评指正，热烈欢迎更多同道人真诚合作，为了明天的教育和更美好的未来！

第九章

反思超越

在一个想饿、想傻都很不容易的社会，要生活得幸福、明白和有竞争力，需要学会"饥饿和傻瓜"（Stay hungry, stay foolish.——乔布斯）！

——席酉民

　　在本书完稿之际，我请朋友（曾经的学生）深圳大学韩巍教授审阅书稿。他看后建议，可否增加一章反思？因为这本书就是试图通过西浦发展幕后的故事进行管理反思和总结，所以我随口问了句："反思什么？"韩教授看到后与家人一起大笑，觉得席老师何来如此自信。数天后我们在"管理学在中国"年会相遇，他说：你总不会"一贯正确"吧？在这个光怪陆离、波澜壮阔、然而复杂多变的发展历程中，总该有一些懊恼、遗憾、志忑、失误或挫败吧？我停顿片刻，脑际迅速扫描10多年的奋斗历程，脱口而出，没有！他和周围其他熟悉我的朋友又爆发出耐人寻味的笑声。恰好我夫人同行，我请他们向她确认，除西浦那段治理波动外，其他时间虽然很忙，但总是充满激情和自信，即使在那段调整期间，也只是投入了更多精力强化沟通和采取必要措施，并无焦虑和挫败感，我实际上是一个挑战越大越充满斗志和激情的人。

　　在大家的笑声中，我再度深思自己的人生历程，之所以没有大后悔、大遗憾或在我认知世界里的大失误，可能与我喜欢持续反思有关。

　　年轻的时候，我夫人总是在别人夸奖时提醒我保持清醒，并讲只有她才会给我说实话，所以我习惯把她比作我的镜子，而且注意在人生不同阶段不断给自己寻找镜子，从优秀者那里学习经验，从失败者那里吸取教训。

　　随着年龄的增长，我增添了在闲暇时与自己和天空对话的习惯，让自己清零，常反思那些"我是谁？我从哪里来？我想到哪里去？"的人生基本问题。特别是在别人看来自己在研究、实践、生活等方面都比较成功的时候，自己的阅历和人生经验日益丰富的情况下，随时提醒自己要防止被自己的知识和经验捆住手脚。例如，我有一位得力的学生和同事，他博士论文专门研究本土领导力，并从我的深度案例研究中得出了双元理性领导力模型。一日，他与我分享他的领导心得，说过去总认为领导经验越丰富越好，但现在突然觉得不尽然。我问：怎么讲？他说他发现一些领导在资历和经验非常丰富之后，往往听不进去别人的意见，甚至在别人还没有说完话之前打断别人，按自己的认知和经验推想出你想干什么。我非常理解这种情况，一方面告诫他如何突破这种尴尬，另一方面也进一步提醒自己学会倾听。并在微信群里分享了我在曼彻斯特大学宣传册上看到的一位学生的感言："I was taught to listen to the people you serve."（要学会倾听你所服务的人的声音。）我在做领导力演讲时也经常指出，自信向前迈出一小步就是自负，如果陷入知识和经验中不能自拔，丰富的知识和经验就可能成为前行的枷锁；如果能站在知识和经验的肩膀上，你将看得更远、飞得更高，我一直这样要求自己，并努力践行，防止自负。

我的坦然和自信可能更多来自接受的训练，理科逻辑的训练、工科系统的滋养、管理人文的提升，特别是博士论文对和谐理论的研究，已埋下了和谐心智的种子，使自己重视愿景和使命的清晰，在其驱使下有明确的奋斗方向，而且同时重视科学的优化设计及人和组织能动性的调动，并着力围绕方向和目标，使二者有机互动和耦合，这种思维模式和行动框架利于自己走出纠结和困惑、减少重大决策失误，从而享受高效和平静的奋斗过程。

当然，这样回应韩巍教授的"质疑"可能还源于自己偶尔为之的"狡辩"，例如自己在国立体系工作时，每年年底在干部考评的批评和自我批评环节，我的组织评估意见栏里经常有一个缺点，即不够成熟。但我向来没有真心接受过，内心在想，我都这么大年纪了，怎么还不成熟！无非就是自己直率、敢于说真话，没有学会拐弯抹角或口是心非，这应该是自己的特点甚或优点，而不应是缺点。也许有人会以为我在以自我检讨的方式进行自我表扬，但这确实是我的心声。

虽然自认为无重大遗憾或失误，但依据"管理是一个从更好到更好的旅行"的自我认知，依然会有很多方面需要持续改进或在未来事业发展上值得特别注意，以下仅罗列出几个方面的反省和感悟。

一、沟通与透明

在我全职加盟西浦之初，方大庆教授曾建议我，应多去利物浦访问，这不只利于工作上的沟通，也有益于感情上的交流。但我总是在工作任务需要时才到访利物浦，一年一两次。在西浦前 10 年的发展中虽然顺利，但在领导班子有重大调整时期，沟通与情感交流不到位，酿成了本不应该出现的治理波动。考虑到国情、文化、思维习惯、领导个性的不同，在领导班子有重要调整之际，应特别加强沟通和相互了解，尽快建立个人和组织信任，甚至在感情上拉近距离，以免引起不必要的误解和认知纠纷。

另外，在西浦发展过程中，利物浦包括西浦一些管理者和员工也质疑过西浦领导的透明度不够。反思该历程，为了抓住机遇，促进西浦快速发展，我们在保证合法的正式沟通的同时，总是尽量简化管理过程，回避没有价值的繁文缛节，以提高组织效率。但我慢慢了解到，我们许多同事所习惯的透明不仅是合法和遵循程序，而是一件事要上上下下议论很久，且要很多部门人参与其中，所以一个小小的变化可能需要一两年或更长时间才能完成，这在中国环境下显然会贻误战机。但不这样做，大家会觉得不透明甚至不舒服。比如早期，我不太爱开会，于是利物浦有人提醒我说，你怎么长期不开学校高层（Senior Management Team，SMT）会，我觉得几位副校长有更高效的协调机制，只在必要时召开即可，没必要频繁开会。但后来渐渐意识到，适度频繁的正式沟通机制对新建组织是必要的和有价值的，于是规范了每月两个固定时间点的 SMT 会议制度，有议题则开，无议题则取消，而且增加了

SMT 会议的参加成员，还邀请一些重要部门负责人作为观察者与会，以提高会议的代表性、参与性和促进会议精神的理解、传播。此外，在西浦领导层，我们还增加了周个人例会制度等。同时，还通过各种方式进行愿景共享，以形成合力；加强各服务中心间的相互学习、组织师生下午茶活动、定期举办领导力工作坊、支持各级的 away day（远离当下工作环境的战略研讨会）、筹办每年的圣诞晚会、用心准备每年开学典礼和毕业典礼致辞以及教师节、元旦和圣诞节给师生员工的一封信，以强化内部沟通，形成共识；通过市场、品牌和沟通部门的建设，招生宣传、家长协会、校友网络、政府和社会各界联络等强化外部沟通，特别是教育理念、办学模式、西浦理想等的分享，以聚集更多支持教育变革的同路人，形成更广泛的教育变革社群。即使在沟通上我们做了大量工作，但按照西方对沟通和透明的理解，我们还需努力。虽然我不完全认同西方的做法，但沟通和透明对组织特别是初创组织的重要价值毋庸置疑，是一个需要持续关注和改进的话题。

第三，沟通不只是把事情说明白和相互理解，更需要践行到位。如上所述，三校间的沟通交流将是西浦发展的永恒话题。因利物浦有学位授予关系，日常交流和沟通比较深入，但对西交大，实质性的交流与合作显然不够到位。前边曾提及，在王建华教授作为西浦董事长时代，我们曾部署过两校学生交流计划、干部影子培训计划、研究合作计划、合作指导研究生计划等，我曾带领西浦团队赴西交大交流落实，但因种种原因未执行到位。尽管有西交大的体制和管理因素，但西浦若不遗余力地积极推进，效果可能会有所不同。后来，西交大领导班子调整，领导工作重心转移到西交大战略转型，特别是规模宏大的西部创新港建设，我虽与新领导有数次深入交流，每次都有很好的想法，但还是因体制和战略重心的关系，落实不够到位，而且西交大内部还滋生了一定程度的西浦对西交大没有贡献的怨言。如果我们更加主动，情况也许会改变，例如经双方努力，最近西交大派送骨干教师到西浦参加以学生为中心、研究导向型教育的教育教学培训班，并正在筹划西交大负责国际化的干部到西浦的培训计划，还在策划西交大在西浦太仓校园合作创建西交大工程师学院等。在利物浦方面，也在原来不定期的员工交流的基础上，开始了两校校领导相互参与对方战略会、away day 的实践，开始了规范性的老师互访、学生交流、支持系统的合作等，利物浦还设置专门办公室，招聘 Dean（院长）专职负责西浦日常事务的协调，并作为西浦学术副校长的潜在候选者，以改进和完善西浦学术副校长的选拔机制等。

第四，理性是沟通和透明的基础。在战略和重大问题上，理性一直是我行动的基础。在 2018 年我们组织的"管理学在中国"的年会上，北师大赵向阳教授在报告中疾呼，管理研究要关注非理性。其实，管理本身大部分都是在应对非理性问题。我们经常讲，管理者 80% 的时间都在处理 20% 人的问题，换句话说，80% 的人和事无须管理，他们会按照理性或者规范的体系"自行运转"，或者是可以理性地设计和对待。但 20% 的非理性却占用了管理者 80% 的精力。

从哲学上讲，理性是人类依据所掌握的知识和法则进行各种活动的意志与能力，经由人类的认识思维和实践活动的升华，主宰人类的认识、思维和实践。通俗地讲，人或集体的参与者合乎自然规律和其认知的行动即可视为理性行为。于是，管理的理性就有几个层次：第一，在集体活动中，各参与者具有理性且也可形成群体理性，管理相对容易，按照理性设计和协调即可。但这是一种极端理想的状态。第二，参与者站在自己的认知体系里，因心智、认知甚或信息的差异，你的理性在他人看来可能是非理性的，所以需要沟通和交流，以形成群体共识和理性，如若难以达成，即使每个人都在理性行动，也可能导致群体非理性，如红绿灯坏了的十字路口，大家争先恐后，最后终于堵死。第三，就个人来讲，即使认知上是理性的，但行为上因情绪失控而无法理性行事，结果也会出现行为上的非理性，很多打完孩子后悔的、喝醉酒发生事故的、工作中一时情绪失控酿成大祸的属于此类。第四，无法走出自己的认知体系，而在别人眼中其认知逻辑是荒谬的、不可理喻的，即其理性不被群体所接受，但其本人在行为上又非常坚守，就会出现异类或疯子。第五，还有一些人，有与群体一致的理性认知，就是习惯或行为上不按理性出牌甚或有意而为之，这就是大家常说的胡搅蛮缠了……

从理论上讲，为了形成战略和有效的管理实施，需要个人理性和集体理性。每个人都活在自己的世界里，但又不得不与别人合作与共处，所以集体世界很难理性，每天不得不与大量的非理性共舞，即使领导者坚守理性管理，也离不开沟通、感情、折中和包容等。我深知，达成理性及共识不易，但深度沟通和透明可以有助于理性形成，减少非理性的破坏性影响，而且有利于相互客观理解，防止镜像思维！感情有助于沟通，甚至会帮助理性的形成。即使我们穷尽所能，也无法回避多元和非理性，包容和折中就成为真实管理世界的亲密伴侣。无论如何，沟通都是人类群体活动不可或缺的艺术和造诣，是我们终生需要揣摩和操练的利器。

二、突击队与创新传播

创新，特别是超越世俗或常规的颠覆性创新，其执行永远面临挑战。例如，西浦早期推行网络化的组织结构和服务平台时，一方面需要让大家认识到这种组织方式在现代更有利于知识工作者和知识组织效率的提高，这就需要各种沟通和交流；另一方面必须设法突破人们在传统组织中长期形成的科层组织运行行为，此时简单的沟通已远远不够，需要培训，更需要成功的案例示范。回过头来看，尽管西浦走过了一条比较成功的道路，但如若当初在员工培训、卓越中心（Excellent Center）的培育、各服务中心间的最优实践交流上做得更到位，各种变革性创新会推进得更加顺利和高效。后来，我们吸取了经验、教训，在研究导向型教育、工业企业定制式项目、融合式教育、太仓校园发展等重大项目上，有意识地注意强化这些方面，有效地加快了创新计划的推进速度和创新文化的形成。例如，为推动研究导向型的教育，我们除在全校通过各种方式提倡研究导向型的学习、研究导向型的教学、研究导向型的工作外，我还在致师生员工的信中专门分析其必要性、价值、关键环节以及个人经验，学校通过正式渠道包括研究编制指南推广，召开工作坊让不同类型教学的老师分享经验，组织学生开展研究导向型学习的竞赛，从学生角度促进教学的转型，专门邀请有关老师，探索大家认为难以采用研究导向型教学的大课和数学、经济学等课程如何教授，以形成经验和参考，并设法吸引更多老师参与到探索之中，等等。

理论和经验告诉我们，创新战略形成之后，在相关制度和政策制定的同时，如果能针对大家的困惑或实施的难题，在明确推进路线的基础上迅速培训骨干人员，研究策划示范案例，尽快培育最优实践，然后形成卓越中心，再形成交流机制，于是优秀的人才和最优的实践就会不断传播与蔓延，整个组织便会涌现出相应的探索氛围，不仅会促进更广泛的创新实践，还会更有效地将创新性探索转变成日常行动，最后滋养创新文化的尽早形成！

三、深化设计与有效落实

在上述沟通和骨干队伍培养的同时，对颠覆性创新或新概念架构的有效落实还仰仗于对其更彻底和深入的设计。

在西浦发展初期，因为我们有野心的办学定位和企图快速推进的心态，我们在一些颠覆性创新方案的形成和实施上，偏重注意大战略和框架的可行性，而对其实施过程更深入和细致的设计重视不足，例如，为了扁平化，我们基本放弃了学院体系，但考虑到商学院的独特性，依然保持了学院（school）的称谓，但在权力设计上其实依然按照大系（department）来对待。另外，因与企业合建影视学科，为了市场和伙伴关系，也使用了影视学院称谓，实质上继续维持了一种大系的管理机制。再如，为了强化学科接近和合作空间大的系之间资源共享、研究合作、学科交流、新方向拓展，我们建构了非预算实体的学科群（cluster）概念。然而，这些新的概念和机制在提出之初并未给出详尽的设计，而是想通过实践演化，形成经验和多种方案，然后再确认和完善。这种思路无可非议，但实践上却因大家不甚理解从而难有效到位或容易引起混乱。如果我们对这些新概念和新的协调机制及其实现过程，在提出伊始可以设计得更深入和完善，可能会进一步提升其实施效率和创新效果。

在分析东西方文化差异和西浦初期实践时我曾强调，在中国改革开放时代，我们做事总是强调机会导向，而西方特别是英国人强调秩序导向，于是前者可能起步快，然而实施过程可能困难或阻力多；后者虽起步慢，但实施过程则相对顺利。其实这二者可以互补，用快的起步以防止机会损失，用深化的设计提升实施的效率。关键是怎样平衡，既保证机会又有利于实施，这是以后发展中我们要注意和持续学习的。

在西浦后期发展中，我们已经有所注意，且收到了较好的结果。如在西浦融合式教育和创业家学院（太仓）的发展过程中，我们从时代赋予的市场机会、教育原理、商业模式、组织架构、运行机理、经济可行性、各利益相关者可获得的价值等方面进行了系统的研究和设计，和利物浦、西交大、政府、学校各级进行了充分的交流与分享，进而形成了共识和期待。所以，在西浦太仓项目说明会后，不到 1 个月时间就签约了 10 多家国内外一流企业合作建设创业家学院。紧接着，我们又起草和通过了学院章程（chart），作为双方合作协议的签署框架。起草和讨论通过了学院建设手册（manual），作为学院成立和运行的指南。编制了校园各共享平台的手册，以使参与平台建设的企业合作伙伴非常清楚该做什么和怎么做，从而有利于创业家学院建设的高效稳定推进！

四、有限资源与宏大发展

西方战略理论认为，在资源贫乏和存在制度缺失的环境下，会导致发展探索。北京大学周长辉教授研究中国本土管理实践发现，信心（confidences）

在其中起着至关重要的作用。回顾西浦的实践，我们在大学定位、未来教育探索等很多战略问题上似乎都很自信。但认真反思，在资源有限、制度不够完善的情境下，定位高远和目标宏大的教育探索自信来自何处？是初生牛犊不怕虎的瞎胆大，还是理性部署支持下的真自信？

按照我个人的习惯，对于重大战略问题，首先，在认知上必须是理性的；其次，在发展上必须是有价值的，而且这种价值一定是未来导向的，即非当下环境下的短期机会；再次，在个性和行为上是积极的，进取的，敢于突破世俗和传统的，乐于大胆创新的，在战略风险可控情况下擅长快速行动的；最后，总是试图用自己的独特性为组织创造更大的发展空间和相对竞争优势！

尽管上述思路和领导习惯没错，有未来前景的发展模式会有助于吸引资源的聚集，但有限的资源毕竟是宏大战略实现的一种约束。反思西浦发展过程，因对西浦的厚望及其战略企图，我对学校可持续发展看得很重。考虑到资源有限，加上我的管理职业习惯，在大方向确定后，管理上我很关注成本控制和运行效率，而且通过学校和自己的企业朋友帮助捐资成立了西浦发展基金会，试图应对西浦长期可持续发展将会面临的风险，我早期坚持适度规模发展（核心思想是在无政府规范性资金支持的情况下西浦依然可以健康发展），一些人对此很疑惑，还有人不明就里地批评西浦扩招等。上述行为和做法从理论上无疑是正确的，在实践上对初创组织来说也非常重要，例如我刚到西浦时曾面临发不出工资的风险，就是通过严控预算和执行渡过难关的。但回头看，度的把握极具艺术性和需要大智慧，处理不当可能会在一定程度上影响事业发展，如可能造成对更高水平教授吸引力不足，不利于保持教师和支撑队伍一定的冗员，利物浦和外国专家总认为西浦的大学支撑体系过于精益（lean）、不够强健（robust）等。另外，由于资源限制，坦率地讲西浦对各种福利"不够大方"，特别是在中外合作办学迅速崛起、市场竞争激烈之际，因市场上能够适应中外合作办学需要的教辅和行政员工紧缺，西浦便成了这类人才的培训基地，加上苏州人才市场上年轻人喜欢跳槽的习惯，这类人员流动性较大，来自西方的管理者因不太了解中国市场和年轻人的习惯，总是过高地估计了问题的严重性。我的目的是利用网络化组织和员工提升以及合作文化来提高办学效率，同时又可保证组织适度的强健，但对于来自且习惯于层级机制和甚至有点泛滥的辅助人员数量及相应支撑体系的同事，他们在心理上总会产生疑虑，这在一定程度上可能影响发展。加上我们全球招聘，中国社会办事效率、环境质量、文化差异等问题，教师有时也有一定流动性，从人力资源理论角度看，应算正常，但从传统观念和西方人角度，其反应总是问题出在工资和福利上，事实上有些情况下，涨工资和改进福利对员工当然是好事，但并不完全是解决问题的根本措施，这是竞争常态。我们虽然视情况在人事制度、提职方案、福利补贴等方面持续进行了很多改进，但宏大目标与有限资源的张力及其应对策略是一个永恒的问题，特别是对像西浦这种新型特殊组织来说，更需要认真深入的研究！

五、国情、文化与理想主义

如前所述，我被很多人看作理想主义者，好处是有目标、充满激情。但我的理想情怀和坚定的追求，加上好胜的个性，经常冲得太快，推进得太猛，尽管极力保持理性和智慧前行，如我的老同事描写的那样，"他不会硬碰，在其构想遇到不解，或遭受挫折，或暂时难以说服别人的时候，他不是横冲直撞，不管不顾地前行，而似乎是停下来了或者在调整，但过一段时间后你会发现，其设想一直在推进中，只是换了一种形式。"在当下社会环境下，冲得太前或太猛会时不时与当下国情、发展阶段、有限资源和传统认知间形成摩擦、碰撞，如果把控不到位或掌握不好平衡，则可能导致运行风险。回想起来，有几件事情还历历在目。

一是西浦的研究生学位授予。中国现行的是国家职称和学位制度，西浦从建校伊始已采用了大学职称体系，即西浦老师按照自身国际化的学术标准评审和招聘，而不参与国家的职称评审体系。因职称涉及面窄，不太引起社会关注，所以并未受到广泛的关注和批评。但研究生学位则不同，社会关注度很高。西浦在得到教育部批准招收研究生并认证利物浦所授予的研究生学位后，因中国学位制度缘故，西浦要同时获得中国研究生学位则需要很长时段和繁复的申请考评过程。我个人在未到西浦之前，曾建议教育部变革目前的国家学位为大学学位，这样利于大学重视自身品牌的建设。所以，在西浦招收研究生后，我积极建议董事会同意西浦授予自己的研究生学位，即当研究生获得国家认证的利物浦学位的同时，西浦也授予其相应的学位。自然，习惯于按章办事的利物浦董事不同意或看中方反应，时任董事长王建华教授觉得风险很大，一开始没有同意。但我觉得这是改革的大方向，而且西浦授予自身学位不需要国家背书和认证，关键是质量保证，如果质量高，会慢慢得到市场认可，而且也不违法，不会造成多大社会影响。所以，来年董事会我又积极推动，在我的据理力争下，董事会终于同意西浦颁发自己的研究生学位证书。要落实到位，还需要西浦学术委员会同意。我是学术委员会主席，但我将日常会议主持权交由学术副校长，所以我请当时的 David Sadler 副校长会上讨论此项议案。但不知何故，他就是迟迟不列入会议日程，错过了数次会议。在我的追问下，他说惧怕风险。我说董事会已经决策，高层管理团队应尽快落实到位。他说我在董事会上从肢体语言看到大家似乎不太同意。我说，不管怎样，董事会最后作出了决策，我们应该坚定执行。他说，那能不能作为 chair business（主席议题），你来主持讨论这个议案。于是我在学术委员会上提出该议题，并问大家，我们在研究生培养上是否接受利物浦的学术标准？大家说当然接受。换句话说，即使西浦有更高的要求，教育部认证的国际化的利物浦研究生学位可作为西浦的基本标准。我说既然我们认可利物浦学位，学生又是我们和利物浦共同指导出来，当研究生获得利物浦学位同时可否授予他们西浦学位？大家自然一致通过，于是就有了中国土地上第一张大学研究生学位证书。我们还给了学生选择权，在他们获得利物浦学位的同时，可以选择西浦学位，也可以放弃，因为入学时我们只承诺了利物浦学位。自然，学生肯定喜欢二者兼备。但在日后的招生沟通过程中，我们一些同事依然不敢正大光明地、大张旗鼓地宣称西浦研究生学位，似乎还在惧怕风险。我在这一决策的推动过程中知道有较大突破，但分析过不会有致命风险，但同事们的风险意识和态度不同，因而形成了执行上的一定阻力。

另一类事情是一些极端事件的处理，如果按法律和理性应该简单，但在当下的环境下，经常是各种干扰使得一个简单事情变得异常复杂。从个性来讲，我非常不喜欢，经常觉得理性被阉割，有时很无奈，我曾撰文"理性遭遇围剿"，从某大学一起学生自杀悲剧的处理过程分析理性是如何被复杂环境围剿的。刘震云《我不是潘金莲》从人性关系与社会视角解读了中国社会环境里为什么理性寸步难行，而荒诞却可大行其道。我在《管理学家》2013年第2期主编寄语"潜规则的低效均衡：荒诞盛行"一文中也分析指出，"软法治及道德变异导致的社会环境和价值观扭曲"，使"维系社会秩序、效率和稳定的法律、制度、规则在权力、关系、金钱、人情面前统统可以变形，使得人类普世价值和规律失灵，代之的是以关系、人情、权力、金钱编织的社会网络环境下形形色色不同层级圈子的潜规则，以及因此形成的稳态、甚至是超稳的社会荒诞形态。"其实，并不是大家不愿采用理性、简洁方式为人处世，而是陷入了一个长期重变通、讲分寸，轻法治、规则的文化以及被扭曲行为编织的复杂网络和环境中难以自拔。中共十八大特别是十九大以后，情况在不断扭转。但我们依然会遇到一些理性和法制与世俗和人情的纠结，我偏爱前者，但无法无视后者，所以如何把控和保持平衡似乎是一个长期的挑战。

六、特立独行与坚守底气

在我看来，只有敢于特立独行，才谈得上开启引领。特立独行，是引领的基因！

最近，偶然看到大学同学翻拍了 1982 年初毕业时的同学留言册，发现自己青涩照片下的寄语：自己走路，走自己的路！言志独立和特立独行！甚至签名都把名字改了，从席酉民到席友民，回想起来当时的用意，是想对社会和他人友好与有益。现在看来，雄心是有的，但略显幼稚，特立独行其实是想突破世俗，走出一条创新的道路，从而影响他人和社会，因此一定希望有更多的同行者。

一路走来，目的并不是标新立异，而是时代给予了创新的空间！走到世界各地、与很多校领导对话，发现大家很容易陷入传统的体系动弹不得，如某世界著名高校为保持其世界前 50 名的地位，在教育需要变革和国际化的时代缩手缩脚；再如中国几千所大学，大部分领导都清楚，如果陷入传统窠臼和趋同化发展难有未来，但似乎跌入囚徒困境，很少有人敢跳出来，另辟蹊径，大胆前行！在这个教育重塑的时代，只有敢于独特，大胆创新，才会开辟新天地，方可独领风骚。但这需要勇气、实力、资源，更需要智慧。

回顾西浦发展，在收获的同时，确实遇到过各种各样的挑战，我庆幸我们坚持初心，死心塌地地走持续创新之路。但反思这一创业历程，可以汲取的经验和教训是，无论是大创新还是小改革，都需要有清醒的认识，不仅要说服自己，还需要说服团队，正如我在图 8.1 创业五星模型中所言，需要系统分析，从商业模式、愿景使命、治理架构、领导团队、系统谋划到长期坚守，不仅自己要清楚，而且主要利益相关者也要明白，更重要的是要让大家看到实现的可能性，以及实施后对于组织和自己的价值，即所谓"要让别人做什么，要给人家一个理由！"因为很多创新史无前例，怎样让大家有信心，一靠逻辑和系统的可行性，二靠在过去实践中这个组织确实可以说到做到，从而赢得大家的信任！这甚至可上升为一种组织信任文化，只要你说了或你在那儿，大家就会放心和信任。

回到西浦创业，我庆幸自己物理学研习练就的逻辑、系统工程训练构建的整体思维、管理训练提升的人文和社会关注！这确实是一种发生在个人或领导身上的偶然性，并无法保障其他创新和创业都有这样的资源配置与运气。

所以，特立独行，首先需要高瞻远瞩的视野和境界，其次需要科学和系统的设计，再次需要清醒领导及其引导和恰当干预，最后更需要长期的智慧坚守，尽管有时可以借力运气，但绝不能依靠运气！

人无完人，本人形象普通，身高有限，脾气秉性的诸多瑕疵也还需要爱人、家人、学生、家长、友人、同事、同行的包容、善待。所谓"反思什么？"不是"一贯正确"的自负，而是在特定语境中，即回顾西浦 10 年创业历程后的一种"格局"上的自我肯定。作为一个个体，浸淫在世俗里，难免污泥浊水；只活在理性中，也会力不从心。然而，如果有更多的人能不忘初心，认清方向，举步行走在从世俗到理想的路上，少一些得失算计，多几分肯拼肯干，未来就一定会更加美好。

结语

　　真正的本土研究必须关注现实世界的种种困惑和难题，尽可能以历史、社会、文化、互动的整体视角构建自己的解释模型，并从实践甚或理论上探讨破解的方法！

——席酉民

　　西浦发展的故事还在继续，这本小书，不只是在讲故事，而是试图从一个经历者、管理研究者、实践者的角度，通过这些具体的人物和故事、重大事件，将自己的体验、反思、感悟呈现出来，试图对创业型组织的治理、领导与管理的关系有新的认知和启示。

　　另外，作为一个有样本意义的中外合作大学，不少人已从多方面报道解读、研究甚或批评西浦，这里以一个内部人的身份，给这些文献再添加一些鲜为人知的故事和内容，更系统地呈现西浦的发展历程，以使这个样本更加丰满，既利于大家更全面地解读和研究，也有助于更加客观地记载这段发生在中国的教育国际化及高等教育变革和探索过程。

　　就我个人而言，西浦筹办和运营的 10 多年，是自己人生过程中最重要的一段经历，以这样的文字，记录自己的心路历程，也算是一段人生的美好记忆。

　　搁笔之际，许多创业者、奋斗者、合作者、支持者、家长、学生、校友的形象浮现眼前，感谢他们为西浦发展的卓越贡献和辛勤努力。特别要感谢书中提到的所有重要的当事者，是他们的伟大帮助缔造了西浦。这里需专门提及的是西交大王建华教授和利物浦原校长 Sir Drummond Bone 教授，是他们俩的远见促成了西浦的诞生；而且分别为本书撰写了他们心中的西浦，感谢他们。还要感谢我曾经的学生现为深圳大学教授的韩巍博士通篇静心阅读和修订，特别是还受邀为本书作序。最后要感谢经历西浦发展过程的同事（如校办主任王妮娅女士、创业家学院（太仓）首席运行官刘慧女士）的认真阅评和中肯建议。同时，也请大家宽恕我在书中描述和个人角度褒贬分析的不周与不公，如有不舒适感受，敬请原谅。个人的观察和解读，难免偏颇或主观，我在这里真诚致歉！所以，敬请西浦建设的参与者、有兴趣的阅读者抱着挑战的态度、带着批判的眼光，以共同探索、推动教育前行的精神，提出质询、批评或宝贵的建议，我的邮箱地址是：youmin.xi@xjtlu.edu.cn。

愿西浦大胆创新的隆隆脚步，带给大家更多的话题，也给我们制造更多交锋机会，期待与大家更深入的切磋，叩谢！

席酉民

2018 年国庆节于苏州御湖西岸

附录一

西浦创建中的故事

王建华

　　席酉民教授《和谐心智——鲜为人知的西浦管理故事》这本书，翔实、生动地记述了西浦创建和发展的历程，相信每一位读过的人都会受到感染和启发。笔者作为时任西交大党委书记，代表西交大参与了这项工作，角色主要是对相关重大问题进行决策，同时协调外部关系，为管理团队创造良好的工作环境。当年的外部环境很复杂，特别是从政治的高度讲，许多事情的决策和处理并不简单。西浦今天的成功来自方方面面的共同努力，笔者也借这本书的出版介绍一些情况，作为对本书全貌的一点印证和补缺。

一、西浦存在和发展的意义

　　过去有不少人就西浦建校提出疑问，它的建立对西交大有什么好处？能够产生巨大的经济收益吗？能够提升西交大的教育水平和质量吗？作为西交大的主要领导，做任何事情不为学校的利益考虑说不过去，但是如果所做的事情都只计较一时一地的直接利益，也未免显得格局太小了。我们是改革开放新时代的高等教育工作者，是中国一流大学的领导者，中央多次强调提出，大学的书记、校长应当既是教育家，又是政治家。作为大学的主要领导，应该更多从国家教育事业发展和改革的高度出发进行思考与实践。教育改革水很深，难度也很大，不是有"中国教育是改革开放需要攻克的最后堡垒"的说法吗？但如果大家只是在论坛和会议上高谈阔论，不进行切实的实践和探索，教育的改革、发展与进步又从何而来呢？

从学校创建之初，我们的目标就是把西浦办成一所高质量的中外合作的独立大学，而不是任一创办方的分校和派出机构。我们的建校宗旨就是要融合中西高等教育的优质资源，面向中国社会未来发展的需要，培养具有国际化视野和能力的人才。这所学校应该拥有自己独特的学科体系，有自己特定的教育模式和培养目标，能够自主授予学位（包括中国学位和英国学位），最重要的是它所培养的人才应该能够适应中国未来发展的需要。因此它的创建过程绝不是简单地拷贝英国的教育课程，引进英国的教育体制和管理模式，而是基于双方创办学校的优势和特点，建立起全新的管理模式和教育体系。这其中，双方学校丰富的教育资源和管理模式是它参考借鉴的来源，但仍需要一个全新的创造过程，而这一创新的目标应该体现高等教育面向未来发展的特征。因此笔者认为，西浦的创建和发展过程是一项意义重大的高等教育发展实践，它对于当前高等教育的改革极具启发和示范作用。

西浦今天的成功为西交大带来了很好的社会声誉，在苏州地区，西浦门前的公交站叫"西交大"站，所有的学生家长都知道西交大和这所大学的关系。西浦这些年来录取的学生来自全国各地，其中陕西省生源每年就多达近200人。这其中甚至包括很多西交大教授的子女，他们可能是中国高考体系中的升学"困难户"，却在西浦获得了很好的发展。这所学校的老师们的科研不断产生有影响力的成果，所培养的学生成为中国海外留学生中的优秀群体。

在遥远的英国利物浦，从前华人社会人口不多、影响不大，今天却由于大量该校学生到利物浦留学，形成了繁荣的唐人街，中国餐馆遍地开花，充满"中国味道"的活动随时可见，整个城市的文化生态发生着变化。因此从教育工作者的角度看，这项工作取得的成就足以让人欣慰。作为西交大人，我们都应该为此而自豪。

二、西浦创建阶段复杂的外部关系

西浦是我国正式批准建设的第一批中外合作大学之一，它的创建在中国是一件开先例的事情，如何定位、如何管理都无例可循。教育向国际开放是我国加入 WTO 的承诺，不开放是不行的，但从培养社会主义接班人和占领意识形态阵地考虑，如果做得不好又的确存在许多隐患。说得更严肃一点，这是政治性很强的事情。也许很多人会感到奇怪，为什么笔者作为党委书记会亲自参与这项工作？因为凡是上升到政治高度的事情，党委书记都是第一责任人。

西浦创建涉及一系列复杂的关系问题，比如西交大和陕西省委、省政府的关系问题，比如办学过程中的办学性质和教育主权问题，又比如思想政治课的设置问题，教育部在批准办学过程中犹豫再三，反复研究，慎重决定，也就不足为怪了。

1 缓解西交大与陕西省的关系，得到陕西省委主要领导谅解

席酉民教授在书中介绍了创建西浦的起因：2002 年西交大时任书记和当时的苏州市委书记提出了建设西交大苏州分校的动议，苏州方面承诺拿出大笔资金，建设 10 000 名学生规模的分校。苏州方面对此十分积极，在媒体上

高调宣传，并且组织相关工作班子，开展实质性准备工作。这些情况引起陕西省委、省政府主要领导的高度关注和反感，多次到教育部和中央反映意见，并约谈了学校时任党委书记和校长。西交大是当年从上海西迁到西安的，现如今却要在苏州创办万人以上的分校，会怎样影响西交大自身的定位和发展？会对其他学校产生怎样的影响？陕西是高校数量很大的省份，经济又欠发达，办学条件相对困难，在改革开放的大形势下，有许多学校都正在动着迁校或者向东部发达地区发展的念头。因此面临这样的局势，陕西省委、省政府有这样的看法和做法也在情理之中。

2003 年笔者接任党委书记后，这件十分棘手的事情摆在面前。尽管西交大在这件事情上有相当的自主权，但如果坚持原来的办分校方案，今后西交大在陕西就几乎无法立足了。而中断这件事情，从学校发展来说就失去了在中国最发达的地区发展和获取教育资源的大好机会，对苏州市政府的一片盛情也难以交代。

在笔者担任学校副校长时，英国利物浦大学（简称"利物浦"）的校长国际事务助理方大庆教授曾向本人咨询过利物浦在中国拓展教育市场的问题。方大庆教授是笔者 20 世纪 80 年代读博士期间就认识的教授，有长期的科研合作关系。当时英国政府出台了新的政策，鼓励大学拓展海外市场。笔者从西交大自身发展角度出发，很希望能够开展国际合作教育项目。因此在我们两人的推动之下，利物浦和西交大产业集团的凯联学院开展了国际化教育合作项目。这个项目的起点是比较低的，其实就是给希望到海外留学的中国孩子办预科，当外语达到一定程度时再送出国留学。项目实施后，从质量到规模以及影响力都不尽人意，正在思考如何改进和提升。笔者担任党委书记之后，考虑是否能通过中外合作办学的形式，把利物浦引到苏州办学，既满足苏州市政府兴办高水平教育的诉求，又不致使西交大处于风口浪尖之上。笔者当时字斟句酌，亲自起草了一份给陕西省委书记的报告，汇报了我们引荐利物浦到苏州创办中外合作大学的构想。报告中明确提出，我们将终止在苏州办分校的行动，代之以中外合作大学项目，其中西交大只是作为中外合作办学的中方合作学校，起的是一种中介作用，办学资源完全来自海外和苏州地方政府，西交大不会将任何办学资源转移至苏州。与此同时，我们还可以从合作中学习先进的办学理念和模式，促进西交大和经济发达地区的产学合作，提升自身的办学水平。省委书记认真阅读了这份报告，在其中很多关键词语上画了线和圈，但并未写一个字的书面意见，同时将此信复印件发还。笔者感觉通过这份报告，西交大在苏州参与中外合作大学建设的事情获得了省委书记的谅解，同时按照中国的传统，领导的圈阅通常被认为是一种批准。

2 在多所高校激烈的竞争中胜出，获得利物浦大学的认可

当利物浦大学决定要在中国创建中外合作大学时，他们首先需要确定谁是合适的合作伙伴，办学地点放在哪里。当时有 4 所高校是他们考虑的对象：①北京邮电大学，他们的主要领导曾担任我国驻英国曼彻斯特总领馆的教育领事，对利物浦的情况非常熟悉，并且提出和他们合作可以将北京作为办学地点。②清华大学，他们提出可以在深圳联合办学，以清华深圳研究院为基础。方大庆教授曾经在清华大学读过书，和学校有很深的渊源。③华中科技大学，利物浦有一位华中科技大学出身的教授对此事十分积极，他把利物浦大学准备在中国办学这件事情告诉了教育部周济部长，并邀请周部长访问利物浦。周部长建议华中科技大学可以积极考虑这件事情，并且周部长也是华中科技大学的前任校长。④西交大，已经有一定的联合办学基础（凯联学院），相互比较了解，同时苏州市政府在办学条件方面也将给予强有力的支持。

利物浦为此专门派出了一个阵容强大的考察团，来中国对可能的合作伙伴逐一进行考察。利物浦进行了非常慎重的考察和对比，通过他们的印象和各个学校的基本方案，最后决定选择西交大作为合作伙伴。这些参与竞争的大学都有其优势和特点，利物浦选择哪一所大学作为合作伙伴都是合理的。但笔者认为西交大有其自身的特点，最主要的是做事非常认真扎实，这一点

会让别人比较放心。另外，苏州市高效的工作作风、优越的地理环境和强大的经济实力也给利物浦代表们留下了深刻的印象。

❸ 在教育部审批过程中，反复沟通，再三保证，获得部长首肯

在教育部审批过程中，主要领导是否认可是关键。为此笔者和郑南宁校长专程去教育部向周济部长当面进行了汇报，与主管国际合作的章新胜副部长也做了很多沟通工作。但是，分管教育的中央领导鉴于陕西省的态度，特别指示对批准与否要持慎重态度。当时进入审批环节的中外合作大学一共有两所：一所是宁波诺丁汉大学，另一所是西浦。按照工作进度本来两所学校应该同时获得批准，但由于上述原因，第一年先批准了宁波诺丁汉大学，第二年才批准西浦。

进入最后冲刺关头，有这样一件笔者亲身经历的事：教育部在新疆召开内地大学对口支援会议，内地共有40所高校参会，教育部周济部长亲自到会，全面讨论和部署内地高校帮助新疆地区大学建设事宜。西交大由中央指定对口支援新疆大学，由于这是极为重要的政治任务，学校研究由笔者以党委书记身份亲自担任对口支援新疆大学领导小组组长。学校对这件事极为重视，采取了很多措施，取得了不错的成效，因此会上对西交大进行了表彰。会议结束的当天晚上，教育部办公厅通知笔者陪同周济部长到新疆大学机械工程学院座谈。周部长大学毕业后曾经在新疆工学院的机械系工作长达8年，后来机械系通过合校并入了新疆大学。他这次实际上是专门到曾经工作过的地方看望老师和同事。我去了之后才发现，陪同的高校领导只有笔者一人。周部长在座谈中特别要求西交大一定着力扶持新疆大学的机械工程学科，早日让他们获得博士学位授权点。

会后周部长把笔者叫到他的车里单独谈话，中心话题却是西浦筹建的批准问题。周部长反复询问：西交大做这件事情的好处是什么，不利的是什么，是否值得冒着风险去做。笔者根据自己的思考如实进行了回答，大意是西交大地处内地，当地发展环境相对落后，如果不能尽早接受先进教育理念，解放思想，大胆改革，很快就会落后，中外合作办学对西交大是一次实现改革发展的重要机会。同时西交大也十分有必要在东部经济发达地区建设一个窗口。至于风险问题，当时笔者任党委书记时间不长，对于政治风险的问题理解和体会不深刻，大着胆子表示自己敢于承担任何风险。第二天在笔者继续新疆的对口支援工作时，周部长又一次打电话来，把这些问题又问了一遍，他说："你真的想清楚了吗？下决心了吗？"笔者坚定地回答："想清楚了，下决心了。"在这之后不久，教育部正式批准了西浦的筹建报告。

三、中英双方之间关于重大原则问题的争议与解决

中英双方由于文化方面的差异，在办学过程中有过许多摩擦和争议，不过双方都本着把学校办好的共同目标，不断互相适应磨合，解决了很多具体问题和冲突，这些在席酉民教授的书中都有叙述。笔者这里想特别提一下，西浦在创办早期一直存在办学模式被商业化的危险。

利物浦在合作办学的初期，有一个影响力强大的伙伴——美国 Laureate 教育集团。它们和利物浦之间的合作关系非常紧密，在西浦的创建过程中有很大的发言权和影响力，利物浦对它们也十分倚重。它们委派了财务总监，监督学校的预算和工作计划。它们的管理水平很高，确实对西浦的建设和规范管理提供了很有价值的帮助。但是 Laureate 集团在整个合作中也有它们自己的明确目的，那就是要把西浦纳入它们集团，成为它们的重要成员。Laureate 是一家国际化教育集团，在全世界有 60 多所教育机构，遍布全球各大洲。但它们办学采取的是一种商业化投资的模式，追求办学的利润，和资本市场相结合，大进大出，在市场上如鱼得水，十分成功。而我们希望将西浦办成一所高质量的大学，追求学术水平的提升、教育模式的创新，成

为中国国际化人才培养的摇篮。实际上我们和 Laureate 集团在办学的根本目标上是有冲突的，如果西浦真的为 Laureate 集团所控制，我们将可能对学校失去控制，丧失教育主权，进而带来巨大的政治风险。因此，我们一方面对 Laureate 集团引进的先进管理模式和理念持欢迎与积极学习的态度，同时也对它们企图控制学校的意图保持了高度警惕。记得在招生后的第二年董事会上，我们发现整个财务预算处于较严重的赤字状态，而且短期内很难缓解。这时 Laureate 集团代表提出它们可以捐助 1 000 万美元，为此举行了隆重的签字仪式。但在协议要进行到实施阶段时，它们提出了一系列进一步控制西浦的具体要求，规定今后所有学费它们要按比例提成，面向国际市场的招生由它们负责和控制，甚至它们未经董事会同意，就在集团网站上把西浦列入它们旗下。我们对此极为警惕，经过慎重研究，决定废止 1 000 万美元的捐赠协议。Laureate 集团的代表为此威胁我们，称西浦将因此在经济上陷入困境。我们不为所动，坚持了我们的底线。

后来利物浦的 Bone 校长退休，新任 Newby 校长和笔者进行了一次重要谈话，交换了双方对西浦未来发展的看法。我们对西浦的未来发展目标取得了高度共识：双方都追求将西浦办成一所高质量大学；双方均不直接从西浦获取任何经济回报；双方共同努力，杜绝大学的商业化，逐步减少 Laureate 集团对学校的影响力。自此之后，西浦被商业化的威胁消除了，在管理团队努力和苏州市政府的帮助下，学校也获得了来自各方面的经济支持，渡过了早期的经济困难阶段。

四、席酉民教授的特质决定了他是西浦的极佳领导者

西浦能够有今天的成功，因素很多，但席酉民教授的个人独特作用是毋庸置疑的。根据双方办学协议，学校的校长必须是中国公民，这也是中国法

律的规定，但常务副校长由利物浦推荐，负责学校日常事务。利物浦的领导们很清楚，在中国办事必须由"中国通"式的人物来做。西浦的第一任常务副校长由 20 世纪 60 年代毕业于清华、后来在剑桥获得博士学位并曾在牛津任教的方大庆教授亲自担任。利物浦为了表示对这个职务的重视，还专门任命方大庆教授为利物浦的副校长，而在此之前，方教授已经从一线岗位退下来了。方教授为此还专门请笔者在西安吃了一顿饭，开玩笑说："我作为一个已经要退休的人反而升职升薪，这是西浦带给我的好运气。"方教授是一位极为严谨认真的学者，在电气工程领域有很高的知名度，曾经任利物浦电气工程系主任。他在办学过程中体现了与学术工作中同样严谨认真的风格，用中国人的说法就是，"眼睛里容不下一颗沙子"。他经常为一些非常细小的事情较真，一定要达到他的标准才放过去。正是由于这一点，西浦在初创阶段形成了一个非常好的基础。但方教授坚持认为他自己年龄偏大，不宜长期做下去，在他担任常务副校长两年（从教育部批准西浦筹办的 2005 年算起）后必须退出，另选贤能。利物浦开始选择了宋永华教授。宋永华教授长期在英国大学工作，同时也是西交大的长江学者，对于双方都有所了解，所以在征求西交大方面意见时，我们都赞成聘任他来接替方教授。和方教授一样，他也被聘任为利物浦副校长，并被推荐担任西浦常务副校长。宋校长后来提议，将常务副校长的名称改为执行校长。但他工作一段时间后英方提出要更换人选。由于这个人选的推荐权在英方，我们也不好说什么，实在不行我们在董事会有否决权。意外的是，英方经过反复比较分析，竟然看上了席酉民教授。席酉民教授时任西交大的副校长，要转变身份成为具有民办性质大学的校长，在体制上具有很大的"沟壑"。

利物浦看上席酉民教授自有他的道理。席酉民教授是西交大管理学科的著名教授、学科带头人，曾任管理学院院长，后担任学校副校长。他在学术上有很高的造诣，又长期担任国家教育部科技委管理学部常务副主任，在管理学界有很大影响力。同时他也是一位极具理想主义色彩的管理者，在他担任西交大副校长时，当时的校长让他分管后勤和基建工作，这些工作传统上都由专职干部分管，很少由教授来做。席酉民教授接受了这项分工，但他提出，自己的分工从名称上要改为"建设与发展"，意思是这项工作并不是仅仅管一管水、电、暖、吃、住、行和盖房子，而是要谋划和建设学校长远发展的硬、软件环境。实际上他也是这样做的，无论在校园建设规划方面，还是在后勤管理改革方面，他都大力推进改革，为西交大这所百年老校带来一股强劲的新风。

在西浦董事会中，笔者和席酉民教授是西安交大的主要代表，由于他在第一线工作，对西浦的建设和发展有很多自己的看法和思路。他对中国的教育体制、机制和管理层的运作模式烂熟于心。可以说，利物浦看上他这个人选还是很有眼光的。

笔者和他同在西交大学校领导班子工作，两个人在教育理念、改革创新方面有很多共同看法，也对他的胸中抱负深有理解。笔者一直认为，如果能够给席酉民教授合适的平台和环境，他一定能够干出一番不同凡响的事业。因此当利物浦提出这个想法后，笔者的第一直觉是这个人选很合适，如果他来干，对西交大和西浦都极为有利。但存在的问题是体制问题。西交大是一所中央直管的全国重点大学，校领导班子的成员变动都是要经过教育部甚至中组部批准的。席酉民教授又是西交大班子里的重要成员，要想改变身份实非易事，但笔者还是决定一试。当时学校领导班子任期届满，有一个换届的机会。同时教育部正在推行领导班子任期制，特别是希望尝试校领导最多任两届的制度。在此之前这方面规定十分模糊，任职的届数和退出年龄都不明确。笔者向教育部提出，席酉民教授第二届期满，可以按照两届任期的规定不再担任副校长。其实席酉民教授的第一届副校长并不是从头开始的，连第二届总共不到10年，这个借口很勉强。但笔者向他们强调了席酉民教授之后将担任西浦执行校长的想法，从为了具有典型代表意义的中外合作教育大学发展顺利角度，希望他们给予谅解和支持。教育部经过极为慎重的考虑和沟通，最后同意了这个提议。在此之前，席酉民教授已经开始履行西浦的管理职责，但没有拿学校的工资。教育部决定下达后，席酉民教授即被利物浦大学聘任为副校长，并向西浦董事会正式提名为执行校长，董事会顺利审议通过，遂被聘任为新一任执行校长。由于这种实职的任职发生体制性转变是比较罕见的，笔者特别提请交大党委常委会上就此事进行研究，明确席酉民教授出任西浦执行校长时薪酬按照利物浦的规定从西浦领取，西交大所发工资全额返还。但由于他是著名管理专家，对学校的学科而言是十分宝贵的资源，我们不希望因此隔断他和学科上的联系。经过研究，决定继续保留他在西交大的教授职位。

席酉民教授的特质使得他成为西浦执行校长的恰当人选，这主要基于如下原因：①他具有先进的管理思想和理念，可以不断带动和提升西浦的教育管理水平；②他在西交大积累的大学建设与发展管理实践经验，可以有效支撑西浦的实际管理；③虽然他没有长期在国外生活和工作的经历，但却具有相当的国际视野，并对西方文化有一定了解，能够推进中西文化的交融，协调和化解中西文化的冲突；④他在教育改革发展方面的思考和理想主义的追求，使得西浦可以不受商业化思想的影响和诱惑，始终将学术发展和人才培养质量作为主要目标来追求；⑤他可以很好地处理大学、政府、社会三者的关系，他的演讲充满激情，口若悬河，金句频出，侃侃而谈。在面对政府官员、社会各界、学生和家长时，他的个人魅力也为西浦赢得了巨大的社会声誉。

回顾这一段历史，再看到今天西浦一派欣欣向荣的面貌，我们可以问心无愧地说："当年我们选择席酉民教授为西浦的管理核心和领导人，是一件十分正确的决策。"

西浦发展至今，已经有超过 10 年的历史。它独特的办学理念、管理模式、高水平的教育质量，引起了社会各界和国际教育界的高度关注。它在广大学生和家长中的"印象分"也越来越高，获得了很好的"口碑"，这一点从每年高考的报名状况就可见一斑。在国际上，越来越多的名校欢迎西浦学子作为研究生生源，这也证明了西浦的教育质量被高度认可。笔者作为西浦创建过程的参与人员和见证者，自然为西浦今天所取得的一切成就感到骄傲和自豪，也为一生中曾经参与这样一件有意义的工作而感到欣慰。

附录二

一位西浦早期经历者的点滴记录

（Sir Drummond Bone）

2002 年 10 月，在我开始利物浦大学的任期伊始，就深刻感受到本地华人社区以及中国籍学生对学校的重要性。在那个时候，工程学的两个同事方大庆和 Henry Wu 向我建议，可与西安交通大学和武汉大学这两个与他们各自有学术合作的大学建立更深入的合作关系。我把他们的建议记在心里，并在我进一步了解我就任的新学校的过程中慢慢酝酿。

我当时觉得利物浦大学已经习惯性地规避风险，把自己视为一个预算紧张、注定只能成为一个小规模的、区域性的学校，因为缺乏活力，在罗素大学联盟中也越来越不起眼。当然，利物浦当时的财务状况确实不允许我们过多冒险，但我们对学校的自我定位的心理因素应该得到改进。那个时候，为了增加收入，我们与劳瑞德教育集团达成了合作意向，初步尝试在线教育。然而从长远来看，我们势必要依靠海外学生，如果不能增加收入的话，至少能确保获得稳定的收入。此外，我们海外招生与教学方面的支出高于预期，如若可以与海外高校合作，我们就能把注意力集中在招生工作上，并且更好地预测海外学生的质量。究竟怎样做才能既加大我们的筹码，又尽可能地降低财务风险呢？为此，针对下一步的战略方向，我们总结出三点箴言：投资、合作、成长。我们与劳瑞德教育集团合作能获得一定的投资回报，但潜力有限。我们依然需要继续寻求更多的合作机会，我们必须对增加学生人数和加快科研产出抱有信心。

带着这个想法，我专门访问了中国，拜访了一些校友，同时也与中国的部分高校探讨了他们对与英国大学合作的看法，尤其是那些已经跟我们或者与英国大学有直接合作关系的高校。北京邮电大学当时已经与伦敦的玛丽女王大学建立了深度合作关系，该校的常务副校长向我介绍了中国政策方面的变化，未来可能会放开中外合作办学，他建议利物浦可以与中国高校合作，在中国建立校园。这立刻引起了我的兴趣，同时我也察觉到随着中外合作办学的长期发展，中国高等教育将会快速发展，随之而来的是海外知名大学的本科学位对中国学生的吸引力迟早会消失，当然全球化的研究生学位则是另一回事了。因此，我对诺丁汉大学在中国建分校从一开始就持保留态度。

然而，创新意味着无限可能。如果我们有足够的信心，如果我们真的能够有效地保证海外学生的增长，如果我们的合作伙伴能将我们的财务风险降到最低，最重要的是，如果我们能够与一个真诚的合作伙伴在中国创立一所全新的大学，而不是仅仅找一个空壳合作伙伴建立利物浦的中国分校，我们将有机会尝试将中英两种截然不同的教育体系融合在一所大学里，开展真正的全新教育模式的探索。

带着这个目标，我们开始与西安交通大学以及武汉方面探讨关于合作的各种可能性，尤其是我对合作办学的设想。同时，我们还走访了其他可能合作办学的地点，包括北京等城市，但都未取得实质性进展。考虑到时任教育部部长周济将大力推动高等教育的对外开放，我们向他授予了利物浦大学荣誉学位。在北京举办的学位授予仪式上，他召集了一些中国高校的校长，表示鼓励这种由中国知名高校与英国知名高校共同创办全新大学的合作方式，谓之"强强联合"的合作办学。在这之后，各方的合作意向更加强烈了，我们也正式进入合作谈判阶段。同时，我们向劳瑞德教育集团（我们与之就在线教育已有深入合作）提出新的合作协议，这个合作可以降低我们的财务成本风险，也可以给他们带来进入中国高等教育领域的机会。

因为方大庆与西交大已经建立了联系，西交大在初期就参与了我们相关探讨也就不足为奇了。但真正带来突破性进展的是西交大与苏州工业园区和苏州市的合作关系。这对我们产生了巨大吸引力。事实上当时已经有大量的跨国企业汇聚在苏州，在这里建立新大学可以为利物浦的学生提供实习机会；苏州毗邻上海浦东机场；至关重要的是苏州工业园区的基础设施已经达到西方发达国家水平，利物浦以及国际员工将很容易适应当地环境。在苏州召开的与苏州工业园区以及西交大的论证会也印证了我们的观点，他们将是理想的合作伙伴，我们应与他们合作建立一所全新的大学，而不仅仅是设立利物浦的分校。

回到利物浦，我需要去说服我们的决策层（理事会），让他们相信这一战略决策不会带来巨大的财务风险，并且我们高质量的合作伙伴不仅不会降低利物浦的声誉，反而会在一定程度上提高利物浦在中国的声望。然而与利物浦的学术团队沟通的过程中还是遇到了一些质疑，我必须说服他们承担额外的工作，为此我专门安排他们到苏州亲身感受，并且直接与我们的合作伙伴进行沟通，这顺利打消了他们的疑虑。同样地，劳瑞德教育集团的同僚也是我需要去说服的对象，毕竟对于他们来说中国的法律和财务体系跟他们熟知的美国体系截然不同。

尽管我们获得了教育部和教育厅的支持，但在获得办学资格上还是遇到了很多阻碍，可以想象国内外的竞争对手并不可能给予太多帮助。我们与教育部评估组专家的沟通也并不顺畅，他们似乎认为创立一所新大学的计划异想天开，而且在中国即使取得了办学资格，也并不代表学校有资格授予学位（注：学历与学位分离，学位授予权须在首届学生毕业前再重新申请），这让我们觉得不可思议（在英国可不是这样）。一旦明白中国办学与授予学位分开审批的逻辑，教育部关于学位授予的要求就容易理解了。但困难的是我们刚说服利物浦要建立一所新大学，而不是设立分校，现在却要求利物浦承诺如果第一届学生毕业时没有获得中国的学位授予权，就必须发利物浦学位。与此同时，教育部坚持，要获得办学资格，就必须承诺颁发利物浦学位，作为兜底方案，这至少可证明利物浦为了做成功这个大胆的尝试，愿意拿自己的声誉冒险。讨论持续到当天下午晚些时候，在我初步允诺后教育部终于松口了，使我几乎赶不上启程回英国的航班，但彼时我对利物浦是否能同意教育部的要求还依然惴惴不安。当然，最终所有的问题都顺利解决了，但是前期的谈判使得留给我们用于招收第一届学生的时间少之又少。

西浦成为非常成功的新大学、甚至已经具有显著的国际影响力，其发展的路上当然还有许许多多的故事，它的成功不仅仅因为大楼的建成，还因为关键岗位的招聘，以及大学治理和管理体系的建立与实践。以上都是我作为早期亲历者的点滴记录———一个激动人心、或许有紧张时刻但是最终皆大欢喜的故事。

Not long after I had arrived at Liverpool in October 2002 I became aware both of the importance of the local Chinese community in the city and of the Chinese students to the university. Two of my engineering colleagues—Michael Fang and Henry Wu—approached me with possibilities for more highly developed relationships with Chinese institutions with which they were already involved—XJTU and Wuhan respectively. I noted these and parked them while I got to know my new institution better.

I was concerned that Liverpool had become habituated to risk aversion—seeing itself as financially constrained and doomed to languish as one of the smaller and more regionally focused members of the Russel Group. Our financial position certainly did not allow us to risk too much, but there was a psychological component to our self-assessment which could be addressed. On a straightforward monetary level we came to an agreement with Laureate to expand our nascent e-learning business. Longer term it would at the least be necessary for us to consolidate our income from overseas students, if not actually increase it, and I could see too that the costs both of recruitment and of teaching were higher than they might be, were we to have a relationship with overseas institutions which would allow us to focus our recruitment effort and better predict the standard and knowledge background of incoming students. How to put these things together in a way which enhanced our confidence as well as our balance-sheet? We came up with a three-point mantra to guide our strategy—invest, collaborate, and grow. Our investment potential with our Laureate relationship was real but limited, we had to have the self-confidence to collaborate with other institutions, and we had to have the confidence then to grow both in terms of student numbers and research.

I was on a visit to China both to talk to alumni and to discuss with Chinese Institutions how they saw their relationship with UK universities (visiting those who had a known relationship either with us directly or with comparable Institutions in the UK), when the executive president of Beijing University of Post and Telecommunications, which had and still has a very developed link with QMW in London, explained the changes in Chinese policy which would open the country to overseas education providers, and suggested that Liverpool might wish to partner with a Chinese university and open a campus there. While immediately intrigued, I was also wary of the long term idea of overseas provision——it seemed to me that HE in China would very quickly develop in such a way that the attraction of an overseas degree in prestige terms would sooner rather than later diminish, particularly at undergraduate level—at post-graduate level specialist provision globally of course is a different matter. Nottingham would go down the campus route——from the very beginning I was unconvinced by this.

Here however was a possibility for doing something new, if we got it right confidence building, if we got it right protecting our overseas student numbers in an efficient way, and if we worked with a partner limiting our own direct financial risk. And, importantly, if we worked with a genuine partner in China to create a new Chinese university and not merely with a shell partner to help run a Liverpool campus, we would be part of a genuinely new educational experiment, putting together two different educational systems in one institution.

Along the road we had talked to Xi'an JT about other possibilities for collaboration, and we talked to Wuhan specifically about "my" idea for a joint institution. We also visited other possible sites, including Beijing, without progressing discussions in any detail. Realising the importance of his move to open the HE system, we gave an honorary degree to Minister J Zhou, at which ceremony in Beijing he assembled a number of institution heads, and it became clear that the idea of a new Chinese institution backed by a major Chinese and a major UK institution——a so-called "strong-strong" partnership——would be welcome. Following this, interest became strong, and we were in a position to negotiate seriously. That also allowed us to go to Laureate (with whom we already had a close relationship through the e-learning business)with a proposition which would limit to the opportunity cost our financial exposure—the attraction from their point of view being part of this new access to the Chinese HE system.

With our existing connection through Michael Fang with Xi'an, it was not surprising that they came early to our discussions, but the key breakthrough was their relationship with SIP in Suzhou. This was attractive for a number of reasons—the fact that the cluster of international companies already there would be attractive for Liverpool students to do internships under the surveillance of the new institutions, its proximity to Shanghai Pudong Airport, but crucially the level of infrastructure which would be reassuring for our Liverpool colleagues and those used to a Western environment. A crucial meeting in Suzhou with Xi'an JT and SIP confirmed our feeling that they would be ideal partners, and that we should go down not the campus but the new institution route with them.

Back in Liverpool I had to reassure our governing body (council) that there was no significant financial exposure involved, and that the nature of our partners reduced the reputational downside risk and enhanced the upside possibilities. I had also to persuade my academic colleagues to take on the extra work involved—where I met scepticism there I often offered the chance to visit Suzhou and meet our new partners—and that usually converted the doubters. I had also to reassure our Laureate colleagues about the nature of the Chinese legal and financial world, which was markedly different from the USA context they knew best.

Despite Ministerial and Provincial support, the path to a licence to recruit students was not always smooth, and one imagines various competitors inside and outside China did not always help the process. There was a particularly fraught meeting with an inspection team who seemed to find the 'new institution' plan difficult either to understand or perhaps to believe, and we failed to understand in turn the fact that a licence to recruit did not come with a licence to graduate these recruited students attached (which would be the case in the UK)—the logic of the position is clear once understood, but Liverpool found the consequent necessity of guaranteeing a Liverpool degree should a Chinese licence to graduate not be granted to the first cohort difficult to understand, since they had just been persuaded to go down the separate institution and not the campus route. Meantime the Ministry insisted on holding out for this 'back-stop' before granting the recruitment licence, at least partly to convince itself that Liverpool was prepared to put its reputation on the line to make a success of this radical new venture. The ministerial red-line was delivered late in the day (late on a particular day when I had a flight back to the UK!) and at a time when I could not yet be sure that I could deliver my colleagues' agreement. In the end obviously all was well, but it left us very short of recruitment time for that momentous first cohort.

There are of course many other stories on the way to the establishment of what has become a very successful new institution, already with a remarkable international reach—not least the building works, and of course the key recruitment of staff and the establishment of governance and management systems and practice. But these are the notes of how I remembered my own involvement in the earliest days. Exciting, sometimes tense, and now extremely satisfying.

Drummond Bone

January 2019